KB270550

노창희 · 이종관 · 조영훈 지음

　요즘 우리는 TV보다 스마트폰으로 더 많은 콘텐츠를 보는 시대에 살고 있습니다. OTT(Over The Top) 서비스의 폭발적인 성장은 우리의 시청 습관을 완전히 바꿔놓았습니다. 개인이 원하는 시간에, 원하는 콘텐츠를 선택해 즐기는 방식이 일상이 되었습니다.

　이 변화 속에서 IPTV를 비롯한 유료방송은 큰 도전에 직면해 있습니다. 매년 가입자는 줄어들고, 시청자들의 관심은 빠르게 OTT로 이동하고 있습니다. 그러나 위기는 언제나 새로운 기회의 시작이기도 합니다. 이제 IPTV와 유료방송이 나아가야 할 방향은 단순한 현상 유지가 아니라, 새로운 성장의 길을 찾는 것입니다.

　먼저, 콘텐츠의 힘으로 승부해야 합니다. 이제는 단순히 재미있는 프로그램만으로는 시청자의 마음을 사로잡기 어렵습니다. 사람들에게 감동과 생각거리를 주는 콘텐츠, 우리 사회의 이야기와 문화를 담은 콘텐츠가 필요합니다. IPTV는 오히려 이런 부분에서 강점을 살릴 수 있습니다. 아이들, 어르신, 외국인, 장애인 등 다양한 시청자들이 함께 즐길 수 있는 맞춤형 콘텐츠를 발굴하고, 참여형 프로그램이나 독창적인 오리지널 시리즈를 통해 차별화된 가치를 보여줄 때입니다.

다음으로 미디어 산업을 둘러싼 규제와 제도도 변화해야 합니다. 방송산업은 공공적 역할을 수행하는 만큼 여러 의무와 제약이 따르지만, 빠르게 성장하는 OTT와는 다른 맞춤형 제도 개선이 필요합니다. 시대 변화에 맞게 공공성과 산업성을 조화시키고, 생성형 AI나 메타버스 등 새로운 기술에 유연하게 대응할 수 있는 제도적 기반을 마련해야 합니다.

또한 콘텐츠를 키울 수 있는 자금 생태계를 만들어야 합니다. 좋은 콘텐츠는 결국 투자에서 나옵니다. 공공과 민간이 함께 콘텐츠 펀드나 공동 투자 플랫폼을 운영하고, 크라우드 펀딩이나 NFT 같은 새로운 방식도 적극 검토할 필요가 있습니다. 또 스타트업이나 중소 제작사와 협력해 창의적인 아이디어가 시장으로 나올 수 있도록 돕는 것도 중요합니다.

마지막으로, AI 시대에 걸맞은 '지능형 미디어 플랫폼'으로 진화해야 합니다. AI는 IPTV의 미래를 바꿀 중요한 기술입니다. 시청자의 취향을 분석해 맞춤형 콘텐츠를 추천하고, 다양한 언어로 자동 번역하거나, 양방향 콘텐츠를 통해 새로운 시청 경험을 선사할 수 있습니다. 기술과 감성이 어우러진 미디어 플랫폼이야말로 앞으로의 경쟁력입니다.

이제 IPTV는 단순한 방송 플랫폼을 넘어, 시청자와 콘텐츠, 서비스를 연결하는 미디어 생태계의 주체로 거듭나야 합니다. 기술, 콘텐츠, 제도, 투자라는 네 가지 축이 함께 연결되어 움직일 때, 새로운 가능성이 열릴 것입니다.

이 책은 이러한 변화의 방향성을 함께 고민하고, 나아갈 방향을 모색하여, IPTV가 지속 가능한 미디어 생태계의 중심축으로 거듭나기를 바라는 마음을 담아 집필하였습니다.

IPTV가 OTT와 경쟁하는 시대를 넘어, 더 큰 미디어 세계를 함께 그려갈 수 있길 바라며, 이 책이 그 여정의 작은 나침반이 되기를 기대합니다.

한국IPTV방송협회 협회장

이병석

그림 목차

I.
대한민국에서 유료방송의 의미와 IPTV의 가치

IPTV는 어떤 방송 서비스인가

2009년 출범한 IPTV는 우리나라 방송산업 성장의 중추적 역할을 해왔다. 그리고 지금도 여전히 방송산업의 현재이자 미래로 작동하고 있다. IPTV는 콘텐츠, 서비스, 기기 등 미디어 관련 전후방 산업의 가치사슬과 생태계 중심에서 사회·경제적으로 막대한 가치를 창출해 온 미디어 플랫폼이다.

그럼에도 불구하고 IPTV(Internet Protocol Television)라는 용어는 여전히 낯설다. "IPTV는 무엇인가?"라는 질문에 명확히 답하는 사람은 많지 않다. 다양한 장르의 방송 채널을 제공한다는 점에서는 케이블TV와 유사하지만, 대부분은 IPTV를 그보다 조금 더 발전된 서비스 정도로 인식한다. 한 단계 진화된 기술을 활용하고 있음에도, 시청자 입장에서 IPTV와 케이블TV의 차이를 뚜렷이 느끼는 경우는

많지 않다. 오히려 OTT(Over The Top)라는 용어가 대중에게 훨씬 친숙하다. 그래서 우리는 IPTV 사업자인 KT, SKB, LGU+보다 유튜브나 넷플릭스를 먼저 떠올린다. 그 이유는 무엇일까?

IPTV의 등장 배경

IPTV는 국내에서 2009년에 처음 출범했다. 그 배경은 기술적, 정치적, 산업적 측면에서 살펴볼 수 있다.

첫 번째 요인은 2000년대 초반 전 세계적으로 촉발된 디지털 기술 혁신(Digital Technology Innovation)이다. 방송산업은 오랫동안 전송 기술의 발전에 기반해 성장해왔다. 아날로그 방식에 기반하여 지상파에서 케이블, 위성방송으로 발전하던 전송 플랫폼은 2000년대 초반부터 디지털 방식으로 전환되기 시작했다.

같은 시기, 전 세계적으로 통신 분야에서는 광대역 인터넷(Broadband Internet)의 구축으로 데이터 중심의 통신서비스가 놀라운 혁신을 이루었다. 전 세계를 하나로 연결한 인터넷은 국가별로 진행되어 온 기존 방송의 전송 기술 발전 속도를 단숨에 추월했다. 결국 디지털화된 방송 네트워크는 단기간에 통신사업자의 브로드밴드 인프라로 대체되었다.

IPTV의 출범과 성장은 정치권과 정부의 적극적인 노력에 크게 힘

입었다. 정치적 합의와 정부의 신산업 육성 의지가 더해지고, 여기에 새로운 비즈니스 기회를 포착한 통신사업자의 전략이 결합됐다.

IPTV는 정치적으로 대립하던 두 정파가 한뜻을 모은 결과였다. 김대중 정부 시절에 제도적·기술적 기반이 다져졌고, 이명박 정부에서 산업화 단계로 발전하며 정책적 지원이 집중되었다. 당시 '정보통신부'와 '방송위원회'가 이 과정을 주도했다. 두 기관은 각각 통신과 방송을 대표하며 때로는 대립하고 때로는 협력하면서 주요 정책 이슈들을 조정해 나갔다.

케이블TV가 마련한 토대

IPTV 이전에 등장한 케이블TV 역시 방송산업 생태계를 진화시킨 중요한 전환점이었다. 1995년 케이블TV 출범은 한국 방송사의 첫 번째 변곡점이었다.

문민정부 출범 이후 자유로운 사회 분위기, 표현의 자유 확대, 급속한 경제성장으로 인한 소득 증가, 그리고 문화 소비를 주도하는 신세대의 등장 등으로 인해 콘텐츠 수요가 폭발적으로 증가하는 환경이 만들어졌다.

케이블TV는 그 흐름 속에서 다채널 방송이라는 서비스 혁신으로 등장했다. 이를 통해 콘텐츠 산업에서도 수요가 급증하고 새로운 비즈니스 시도가 본격화되었다. 콘텐츠를 사업의 기회로 본 대표적 기업은 CJ였다. CJ의 참여로 대규모 산업자본이 콘텐츠 비즈니스에 본격적으로 진입했고, 오늘날 K-콘텐츠 성장의 토대가 마련되었다.

국내 최초의 시리즈 드라마인 〈막돼먹은 영애씨〉는 이후 〈응답하라〉 시리즈로 이어지며 오늘날의 〈폭싹 속았수다〉와 같은 작품의 원형이 되었다. 케이블TV의 영화전문 채널은 극장 중심이던 영화산업에 새로운 수익원을 제공했고, 영화 〈쉬리〉, 〈접속〉으로 시작된 한국 영화의 진화는 〈기생충〉의 아카데미상 수상으로 꽃을 피웠다.

또한, MTV로 상징되는 음악전문 채널이 K-뮤직 산업화의 초석을 마련했으며, SM엔터테인먼트가 1995년에 출범하며 음악을 산업으로 키워냈다. 같은 해 창작뮤지컬 〈명성황후〉와 다양한 인디밴드의 등장이 이어지면서 한국 엔터테인먼트 산업 전반의 활력이 폭발적으로 커졌다.

이렇게 IPTV는 케이블TV라는 토대 위에서 자리를 잡게 되었다.

IPTV라는 신성장 동력

IPTV를 비즈니스로 정착시킨 주체는 통신사업자였다. 통신망 고도화와 유무선 서비스 혁신에 꾸준히 투자하며, 전국의 개인과 가계를 고객으로 확보한 이후, IPTV는 새로운 성장 동력을 찾아 나섰다.

그 결과, 유선 초고속 인터넷망을 기반으로 IPTV 플랫폼을 구축해 방송 서비스를 전송하기 시작했다.

즉, 통신과 방송을 결합한 서비스였다. 초기 IPTV의 주 경쟁자는 기존 케이블TV였다. 그러나 케이블TV는 기술적 한계와 지역사업자 구조로 인한 불리한 규모의 경제, 자본력·마케팅 역량 부족 등으로 점차 경쟁력을 잃었다. 반면, 통신사업자는 전국사업자 구조와 통신과 방송을 통합한 인프라에서 나오는 규모의 경제, 강력한 마케팅 역량, 자본력, 그리고 정부의 유효경쟁 정책으로 인한 치열한 경쟁을 기반으로 IPTV를 빠르게 성장시켰다. 이로써 IPTV는 국내 방송산업의 중추적 플랫폼으로 자리 잡았다.

2009년은 1995년 이후 한국 방송산업의 두 번째 변곡점으로 기록된다. IPTV가 공식 출범하면서, 1995년 케이블TV가 열어젖힌 다채널 방송의 생태계가 한 단계 진화했다. 방송·영화·음악 등 K-콘텐츠가 지역 기반의 케이블TV를 넘어, 전국 단위 통신망을 통해 고품질로 유통되기 시작했다. IPTV는 통신서비스와의 결합상품으로 출시되어 고객 가치가 배가되었고 전국적 유통망을 통해 판매되었다. IPTV는 무엇보다 규모의 경제와 자본력에서 케이블TV를 압도했다.

통신사업자 주도로 방송과 통신의 융합이 본격화되었으며, 2020년 이후 주요한 케이블TV 사업자들이 IPTV 사업자에게 인수합병

되면서 유료방송 산업 구조 재편이 진행되었다. IPTV 사업자는 케이블TV와 위성방송을 수평적으로 통합(Horizontal Integration)하면서 규모를 키워갔다. 다른 한편, IPTV는 상류 시장인 콘텐츠 산업에 막대한 재원을 공급함으로써 K-콘텐츠의 성장에 기여했다. 2005년부터 2023년까지 IPTV를 포함한 유료방송 플랫폼이 콘텐츠 대가로 지불한 금액은 약 22조7,400억 원 규모이다.

국내 콘텐츠 산업의 역량은 이러한 IPTV 플랫폼을 중심으로 한 생태계를 기반으로 성장해 온 것이다.

IPTV를 위협할 또 다른 플랫폼

그러나 IPTV의 출범과 거의 동시에 IPTV의 지위를 위협할 새로운 플랫폼이 등장했다. 바로 유튜브와 넷플릭스로 대표되는 글로벌 OTT 서비스다. IPTV가 줄범하던 2009년보다 1년 앞서 구글이 한국에서 유튜브 서비스를 시작했고, IPTV가 본격 성장기에 접어든 2016년에는 넷플릭스가 한국 시장에 진출했다.

IPTV보다 늦게 시작된 것처럼 보이지만, 사실 글로벌 OTT 역시 같은 시기 '글로벌 인터넷 혁명'이라는 기술적 대전환이라는 변화 위에서 탄생했다. IPTV와 글로벌 OTT는 이렇듯 동일한 기술 기반에서 출발했지만, 오늘날 성과의 격차는 엄청나게 크다. K-콘텐츠의 탄생과 성장을 이끈 것은 케이블TV와 IPTV였지만, 세계적 확산을 이끈 주체는 글로벌 OTT였다.

현재 국내 콘텐츠 생태계는 유튜브와 넷플릭스의 글로벌 공급망 일부로 편입되어 있다. 국내 영상 콘텐츠를 주도해온 스튜디오드래곤, 제이콘텐트리에 이어 최근 SBS도 자사 플랫폼과 넷플릭스에 동시 공급을 결정했다. IPTV는 이러한 변화의 흐름을 인식하면서도 여전히 효과적인 전략을 찾지 못하고 있다.

IPTV는 왜 혁신하지 못했나

IPTV는 한 시대를 지배한 케이블TV를 대체했던 글로벌 인터넷 혁명이라는 기술적 기반에서 출발했다. 글로벌 OTT 역시 동일한 기반으로 출발했다. 하지만, IPTV는 파괴적 혁신이라 부를 만한 서비스 변화를 보여주지 못했다.

왜 IPTV는 기술적 진보에도 불구하고 그에 걸맞는 서비스 혁신에 실패했는가? 왜 통신사업자들은 글로벌 OTT와 같은 새로운 비즈니스 모델을 만들지 못했는가? 동일한 기술 기반에서 출발한 IPTV와 글로벌 OTT는 왜 이렇게 다른 길을 걷게 되었는가?

오늘날 방송미디어 산업의 주도권이 IPTV에서 글로벌 OTT로 넘어간 근본적인 이유는 무엇인가? 우리는 이 변화의 흐름을 어떻게 바라봐야 하며, 앞으로 무엇을 해야 하는가?

이 책은 바로 그 질문에서 출발한다.

IPTV, 가입자는 늘고 시청자는 줄어든다

IPTV를 포함한 유료방송의 가입자 수는 3,636만 명으로 이미 우리나라 전체 가구 수인 2,317만 명을 넘어섰다. 이는 '1가구 다셋톱'이라는 통신사업자들의 공격적인 마케팅 전략이 거둔 결과이기도 하다. 또한 최근 청년 세대의 독립으로 인해 1인 가구가 증가하면서 전체 가구 수 자체가 늘고 있다.

IPTV는 '가구 단위 서비스'라는 특성상 이러한 변화가 또 다른 성장의 기회가 될 수도 있다. 비록 젊은 세대가 TV에서 멀어지고 있지만, 유무선 통신서비스와 결합된 마케팅을 통해 여전히 새로운 수요를 발굴할 가능성이 있기 때문이다.

한편, 구매력이 높은 중장년층의 수명 연장은 IPTV 가입자 기반을 장기간 유지하게 만드는 요인으로 작용할 수 있다. 즉, IPTV 산업은 우리가 인식하는 것보다 훨씬 오랜 기간 현재 수준의 가입자 규모를 유지할 가능성이 있는 것이다. 이렇게 일정 기간 가입자 수가 유지된다면, IPTV 생태계 안에서 공존하는 방송채널사업자와 홈쇼핑사업자들도 기존 비즈니스 모델을 유지하며 일정한 수익을 확보할 수 있을 것이다.

겉으로 보기엔 다행스러운 일이다. 가입자 기반은 IPTV 산업의 생존과 성장의 핵심 토대이기 때문이다. 가입자가 유지되고 조금이라도 늘어난다면 IPTV 사업은 겉보기에 안정된 시장처럼 보인다. 그러나 진짜 위기의 징후는 바로 그 가입자 기반 내부에서 나타나고 있다. 문제는 시청자들의 행동 변화다. 가구 구조가 변하고, 인구 구성이 달라지면서 가입자 수는 유지되지만 실제로 IPTV를 켜고 시청하는 사람은 점점 줄고 있다. 더 심각한 것은, 시청하는 사람들 조차도 IPTV를 이용하는 시간이 빠르게 감소하고 있다는 점이다.

결국, 가입자는 늘어나지만 시청자는 줄어드는 역설적인 현상이 벌어지고 있다. 따라서 단순히 '가입자 규모 유지'라는 외형에 안주하지 말고, 시청자 행동의 근본적 변화가 만들어낸 결과의 본질을 직시해야 한다.

시청자의 지불 의사와 가치 인식

그렇다면 시청자들은 IPTV 서비스에 대해 얼마나 지불 의사(Willingness to Pay)가 있을까?

유무선 통신서비스와 결합된 IPTV 요금은 ARPU(Average Revenue Per User) 기준으로 대략 월 1만3천 원 수준이다. 이를 시장의 균형가격으로 볼 수 있다. 대부분의 시청자에게 이 금액은 '필요할 때 스포츠 중계나 인기 드라마를 실시간으로 보고, OTT에서는 찾기 어려운 영화나 드라마 등 VOD를 시청하는 정도'의 가치를 반영하는 수준일 것이다.

그러나, OTT 서비스와 비교해 보면 이야기가 달라진다. 예를 들어, 4인 가족이 IPTV에 월 1만3천 원을 지불한다고 하자. 이 가족 중 3명이 유튜브 프리미엄을 이용한다면 월 44,700원을, 1명이 넷플릭스를 구독한다면 월 15,900원을 추가로 지불한다. 즉, 같은 가족이 IPTV에는 1만3천 원을 지불하지만, OTT에는 그보다 약 4~5배의 금액을 지불하는 셈이다.

이 차이는 단순한 요금의 문제가 아니라, 소비자가 체감하는 편익(Perceived Consumer Benefit)의 크기를 반영한다. 시청자들은 자신이 얻는 만족과 효용에 따라 지불 규모를 정한다. 그렇다면 IPTV가 시청자에게 제공하는 편익은 과연 월 1만3천 원의 가치에 머물러도 괜찮은가?

IPTV를 둘러싼 경쟁 상황

현재 IPTV는 글로벌 OTT와 국경 없는 전면적 플랫폼 경쟁에 놓여 있다. 과거 IPTV가 케이블TV를 압도했던 이유와 같은 방식으로,

이제는 글로벌 OTT가 국내 IPTV를 압도하고 있다. 이미 유튜브와 넷플릭스는 콘텐츠 시장, 즉 상류 시장의 주도권을 완전히 장악했다. 시청자의 시간과 관심을 빼앗는 경쟁에서도 IPTV를 훨씬 앞서 있다. 구글의 광고 및 구독 매출은 국내 전체 유료방송 매출 규모를 넘어섰으며, 넷플릭스의 매출 역시 SBS와 MBC의 매출을 합친 규모보다 크다. 처음부터 체급 자체가 달랐다.

글로벌 시장이 만들어내는 규모의 경제, 자본력과 기술력의 격차, 그리고 그로 인한 콘텐츠 품질과 서비스 수준의 차이로 인해 IPTV는 근본적으로 불리한 경쟁 구조에 놓여 있다. 승부는 이미 시작부터 기울어 있었다고 해도 과언이 아니다.

이해관계자들의 상이한 시선

이러한 방송 미디어 시장의 변화 속에서, IPTV 생태계를 구성하는 주요 이해관계자들의 입장은 서로 다르다.

① IPTV 사업자의 입장에서 보면, IPTV는 이미 비즈니스 라이프 사이클(Life Cycle)상 정점에 도달했다. 가입자 증가가 멈추며 양적 성장이 한계에 이르렀고, 사업자 간 시장점유율 경쟁만이 남았다. 여기에 글로벌 OTT의 강력한 대체재 압력이 더해지고 있다. IPTV는 기업의 최고 의사결정자에게 더 이상 미래의 성장동력이 아니라,

'캐시 카우(Cash Cow)'로서 포지션되고 다른 신사업을 위한 재원 역할에 머물 가능성이 크다.

② 콘텐츠 제작자 입장에서는, 국내 IPTV보다 글로벌 OTT를 통한 유통이 더 큰 기회가 된다. 비록 저작권(IP)을 포기하더라도 더 넓은 시장에서 콘텐츠를 알릴 수 있기 때문이다. 영상 콘텐츠 제작사들은 자신들의 생존과 성공의 길이 IPTV가 아니라 글로벌 플랫폼에 있다고 느낀다.

③ 정부와 국회의 입장은 복잡하다. IPTV처럼 성장 정체에 들어선 레거시 미디어를 살리기 위해 규제를 완화해야 한다는 논의는 꾸준하지만, 이해관계 충돌과 조정의 어려움이 크다. 반면, 글로벌 OTT 육성이라는 새로운 정책 의제는 실현 가능성과 상관없이 정치적으로 더 매력적인 선택지가 될 수 있다.

④ 시청자의 인식 또한 급격히 변했다. TV를 '모르는 세대'인 MZ세대는 물론, 오랫동안 TV와 함께 성장해온 기성세내마저 이제는 유튜브나 넷플릭스 구독에 기꺼이 지갑을 연다. IPTV는 더 이상 필수재가 아니라, 대체가 가능한 선택 옵션이 되어가고 있다.

⑤ 글로벌 OTT는 어떨까? 그들에게 한국은 최고의 인터넷 인프라와 적극적인 이용자를 보유한 최고의 소비시장이다. 더구나 그들은 K-콘텐츠의 가능성과 가치를 발견했고 한국을 콘텐츠의 주요한 공급시장으로 만들었다. 또한 국내 시청자에게 접근(Access)할 수

있는 네트워크라는 병목(Bottleneck)을 무임승차라는 놀라운 방식으로 극복했다. 더 나아가 IPTV 플랫폼의 대체재로 떠올랐고, K-콘텐츠에 투자하여 이를 전 세계에 실어 나르는 고마운 존재가 되었다. 하지만 이것은 철저히 그들의 경영전략일 뿐이며, 아무도 통제할 수 없는 외생변수다.

어떻게 IPTV의 경쟁력을 강화할 것인가

이러한 상황 속에서 우리는 무엇을 해야 하는가? 이에 대한 답을 찾아보려는 것이 이 책의 출발점이다. 그리고 무엇보다 문제를 해결하기 위해서는 서로 다른 입장을 가진 이해관계자들이 각자의 시각을 그대로 드러내고 논의에 참여해야 한다. 그동안 학계, 산업계, 정부, 국회에서 IPTV 관련 논의를 활발히 벌였지만, 실질적인 합의나 실행으로 이어지지는 못했다.

이 책은 그 대화의 장을 다시 열고자 한다. IPTV 산업과 국내 방송미디어 산업이 직면한 구조적 위기를 객관적으로 진단하고, 그 해결책을 모색하는 과정에서 이 책이 합의와 실천으로 나아가는 작은 출발점이 되길 바란다.

II.
IPTV의
성장배경

1. IPTV 시대를 향한 전환점으로서의 유료방송

 IPTV 도입에 대한 논의는 2004년 10월에 KT 등 주요 통신사업자가 공식적으로 IPTV 도입 계획을 밝히면서 본격적으로 시작되었다.(김영수, 2008) 이를 계기로 같은 해 하반기부터 정부와 업계에서 방송·통신 융합환경에 대응하기 위한 다양한 정책 논의가 활발히 전개되었다. 방송통신융합추진위원회 발족, 시범서비스 사업 시행, 관련 법안 발의, 국회 방송통신특별위원회 조직 등 IPTV 법제화를 위한 움직임이 이어졌으며, 이 과정에서 방송과 통신의 규제 체계, 사업자 진입 조건, 서비스의 성격 등을 둘러싼 논의가 본격적으로 이루어지게 되었다. 이러한 논의와 제도적 준비를 거쳐 IPTV는 시범서비스와 법제화 과정을 통해 국내 미디어 산업의 새로운 플랫폼으로 자리매김하게 되었다.

케이블TV와 위성방송을 거쳐 IPTV로 이어지는 발전 과정은 방

<표1> IPTV 이전의 유료방송

1995-1999	1999-2009
유료방송 도입기	케이블TV SO 성장기
- 도입 초기 어려움을 겪었던 케이블TV가 조금씩 성장 - 하지만 IMF로 인해 PP가 제작비를 절감함에 따라 성장이 한계에 부딪힘	- 채널 패키지 및 수신료 할인 티어링 제도를 도입하며 케이블TV SO 성장 - 2002년에 위성방송 스카이라이프 도입 - 2003년 전체 가구의 57%(940만)가 케이블TV SO에 가입하여 전체 가구 수 점유율 50% 상회

출처: 노창희. (2024). 유료방송 30년에 대한 조망과 정책 제언. 한국방송통신전파진흥원.

송과 통신의 융합이 점진적으로 실현된 과정으로 이해할 수 있다. 케이블TV와 인터넷 서비스의 결합, 디지털화, 양방향 서비스 등이 모두 IPTV의 기술적 기반이 되었다.

케이블TV 도입, 스카이라이프의 전국화, 초고속 인터넷의 결합, 고화질 콘텐츠의 수요 증대, 정부의 미디어 규제 완화 정책 등은 IPTV가 등장하고 시장에 안착할 수 있는 요인이 되었다. 결국 IPTV가 본격적으로 도입되기 이전까지의 유료방송 산업은 케이블TV와 위성방송 중심 구조 속에서, 디지털화와 통신 융합이라는 시대적 흐름에 적응하여 성장해 왔다. 디지털 서비스의 확산, 콘텐츠 전문화·세분화 등은 IPTV라는 차세대 방송 플랫폼이 등장할 수 있는 산업적 토양을 조성하는 데 기여했다고 평가할 만하다.

2. IPTV성장기 (2009~2016)

2000년대 후반까지는 국내 유료방송 시장을 케이블TV가 주도했으나, 2009년 IPTV의 상용 서비스가 시작되면서 시장의 판도가 급변하기 시작했다. 정부에서는 인터넷멀티미디어방송사업법(이하 IPTV법)을 통해 통신사의 방송 서비스 진출을 허용했고, 이를 계기로 2009년부터 IPTV가 본격적으로 시장에 진입할 수 있는 법적 근거가 마련되었다.

IPTV 사업자들은 양방향 주문형 비디오(VOD) 서비스와 초고속 인터넷·모바일 결합상품을 통해 가입자를 확보해 나갔다. 그 결과 IPTV 가입자는 2009년 약 100만 명 수준에서 2016년 1,288만 명까지 급격하게 성장하여 전체 유료방송 가입자의 약 42%를 차지하게 되었다. 반면 케이블TV 가입자는 같은 기간 1,400만 명대에서 정체되며 시장 점유율이 70% 수준에서 46% 수준으로 떨어졌다.

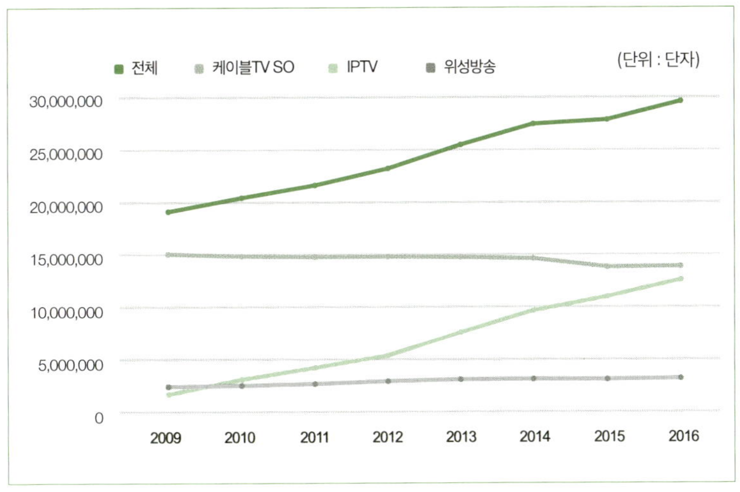

출처: 과학기술정보통신부 보도자료, 국가통계포털 통계 자료 정리

위성방송(KT스카이라이프) 가입자도 약 240만 명에서 318만 명으로 소폭 증가하는 데 그쳐, 유료방송의 구소가 IPTV 내 케이블TV 양깅 구도로 재편되기 시작했다.

IPTV가 케이블TV를 빠르게 추격해가자 케이블TV 사업자들은 위기감을 느끼면서 변화를 모색하기 시작한다. 2015년에 업계 1위이자 콘텐츠 업계에서 돋보이는 존재감을 드러내고 있었던 CJ가 CJ헬로비전을 SKT에 매각하려고 시도했던 것은 전체 방송산업에 큰 충격을 주었고, 이 시도가 본격적인 유료방송 구조 개편의 조짐을 보여줬다고 할 수 있다. 공정거래위원회에 의해 인수합병이 불허되기는 했지만 CJ의 CJ헬로비전 매각 시도는 유료방송 시장이 IPTV 위주로 재편될 것임을 예감하게 하는 신호탄이었다.

정부는 같은 해 유료방송 시장에서의 경쟁 심화와 구조 개편 필요성에 대응하기 위해 유료방송 인수합병 관련 규제 완화를 검토하기 시작했고, 이의 일환으로 미래창조과학부는 〈유료방송 발전방안〉을 발표하였다. 이 방안은 유료방송 산업 내 구조적 불확실성을 해소하

<표2> 「유료방송 발전방안」 주요 내용

- 케이블·IPTV·위성사업자를 하나의 유료방송사업자로 정의하여 허가 체계를 통합하고, 시설 변경 허가·준공 검사 등 케이블에만 적용되던 절차를 폐지함으로써 사업자의 행정 부담을 줄이고 규제 예측 가능성을 높임

- 위성사업자의 케이블 지분 33% 소유 제한을 폐지하고, 유료방송사업자 간 소유·겸영 규제를 일원화 및 완화하여 인수·합병과 지분 투자 등의 구조조정이 가능

- 이동통신+방송 결합상품에 대해 '동등결합' 가이드라인을 마련, 이를 통해 사업자가 사전 승인 부담 없이 결합 상품을 출시하여 자율적인 서비스 설계가 가능

- 유료방송 요금제를 사전 승인받는 체계에서 신고제로 전환함으로써, 요금제 출시 시 행정 지연을 최소화하여 시장 대응 속도를 높임

출처: 미래창조과학부(2016), 제2호 유료방송 발전방안(2016.12.27)

고, 사업자들이 자율적으로 시장 환경 변화에 대응할 수 있도록 제
도적 기반을 마련하는 데 목적이 있었다(노창희, 2025). 〈유료방송
발전방안〉은 〈표 2〉와 같은 정책 추진을 통해 규제 불확실성을 완
화하고 시장 자율성을 확대하고자 했다.

3. IPTV 중심 유료방송 구조 개편기 (2016~2020)

2018년 6월에 유료방송 합산규제가 일몰되면서[1], 통신사의 케이블TV SO M&A에 대한 제도적 제약이 완화되었다. 이와 같은 정책적 변화는 유료방송 시장의 구조 개편에 대한 관심을 환기하는 계기가 되었다.

2019년 2월 LG유플러스는 CJ ENM으로부터 CJ헬로비전을 인수하고 같은 해 11월 공정거래위원회 승인을 거쳐 12월에 인수 절차를 마무리하였다. 이로 인해 LG는 통신 3사 중 유료방송 가입자 2위 사업자로 급부상하였다.

---

[1] 유료방송 합산규제는 개별 유료방송 사업자의 가입자 수가 전체 가입자 수의 3분의 1(33%)을 초과하지 못하도록 제한한 규제를 의미한다. 2015년 6월 통합방송법 논의를 전제로 3년 간 한시적으로 도입되었다가, 기간 만료로 효력이 종료되었다.(경향신문(2018.6.27.), 유료방송 공룡 탄생할 텐데…통합방송법 제정은 3년 허송)

2019년 11월 SK브로드밴드는 공정위의 조건부 승인을 받은 뒤, 2020년 1월 자회사형 합병 방식을 통해 케이블 2위 사업자 티브로드를 공식적으로 합병했다.

2020년 6월 KT스카이라이프는 현대HCN의 인수를 발표하고, 2021년 9월에 인수 작업을 마무리했다. 이로써 2010년대 중반까지 5대 MSO로 불리던 케이블 기업들 중 CJ헬로비전, 티브로드, 현대HCN 등 3개사가 IPTV를 가지고 있는 통신사 기업들로 넘어가게 되었다. 이후 추가적인 M&A가 이뤄지지 않으면서 유료방송 시장의 1차 구조 개편은 2020년을 전후로 일단락되었다고 볼 수 있다. 실제로 남은 케이블 업체들(딜라이브, CMB 등)에 대한 M&A 관련 논의가 이뤄졌으나 이후 유료방송 시장에서 추가적인 M&A는 이뤄지지 않고 있다.

4. OTT 성장기 (2020~2023)

2020년대 들어서면서 국내 미디어 시장은 OTT 등 디지털 매체의 성장에 의해 새로운 변화를 맞이하게 된다. 넷플릭스는 2016년 국내에 진출했다. 진출 초기에는 지불의사가 낮은 한국 시장에서의 성공 가능성에 대해 회의적 평가를 받았으나, 과감한 투자와 현지화 전략을 통해 대한민국 시장에 안착하였으며, 자국 콘텐츠 선호가 높은 환경 속에서도 적극적인 한국 콘텐츠 투자를 통해 연착륙에 성공한다.

이에 대응하여 국내 사업자들도 OTT 시장에 본격적으로 진출하기 시작했다. 2019년 지상파 3사는 SK텔레콤과 공동으로 통합 OTT 웨이브(WAVVE)를 출범시켰고, CJ ENM은 2020년에 자사 OTT 플랫폼 티빙(TVING)을 분사하여 JTBC와 합작 법인을 설립하는 방식으로 대응에 나섰다.

다만, 2010년대 후반까지 OTT는 수익성 부족과 한정된 이용층으로 인해 전통 유료방송을 대체할 정도의 파급력은 갖추지 못했으며, 유료방송 가입자 수는 2019년까지 연평균 4~5% 수준의 완만한 성장세를 이어갔다.

이 시기 OTT는 주로 2030세대를 중심으로 '코드 커팅(cord-cutting)' 현상, 즉 전통 유료방송의 가입률 감소와 OTT 콘텐츠 소비 증가 현상이 나타났으며, 중장년층을 중심으로 한 기존 유료방송 이용자층은 비교적 견고하게 유지되었다. 이에 따라 유료방송 사업자들은 이용자 이탈을 최소화하기 위해 자사 셋톱박스에 넷플릭스, 유튜브 등 주요 OTT 앱을 내장하고, OTT 제휴 결합상품을 출시하는 등 경쟁적 방어 전략을 병행하게 되었다.

2020년에는 코로나19 팬데믹으로 인해 비대면 콘텐츠 소비가 폭발적으로 증가하면서 OTT 성장세가 더욱 가속화되었다. 한국미디어패널조사 결과에 따르면, OTT 서비스 이용률은 2020년 72.2%에서 2022년 85.4%까지 상승하였다.

2021년에는 디즈니플러스와 애플TV+가 한국 시장에 새로 진출하면서 OTT 간 경쟁이 한층 심화되었다. 국내 OTT들은 오리지널 예능·드라마 등 독자 콘텐츠 확보에 주력하며 차별화를 시도했지만, 2023년 기준, 국내 OTT 월간 이용자 수는 약 3천만 명 선에서 정체되는 모습을 보였다. 그럼에도 불구하고, 이용자들의 동영상 소

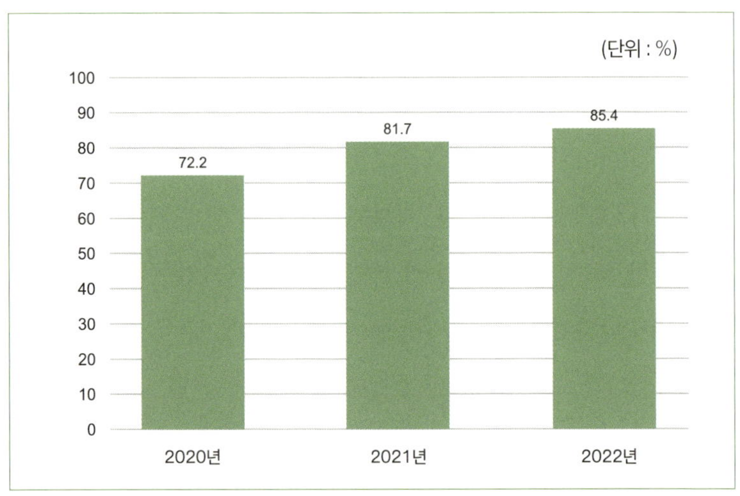

<그림 2> OTT 서비스 이용률

출처: 정보통신정책연구원(2022) 2022년 한국미디어패널조사 주요 결과, 5쪽 재구성

비는 OTT와 같은 디지털 매체 중심으로 재편되는 양상이 나타났다. 젊은 세대일수록 넷플릭스·유튜브 등 디지털 콘텐츠에 할애하는 시간이 압도적으로 증가한 반면, 전통 유료방송의 1인당 시청 시간은 지속적으로 감소하는 추세다.

OTT의 성장과 함께 2020~2023년 유료방송 가입자 총량은 정체 국면에 접어들었다. 2020년 3,474만 단자이던 유료방송 가입자는 2022년 3,625만 단자로 정점에 달한 후 2023년 상반기 3,634만 단자에서 하반기 3,631만 단자로 사상 첫 감소를 기록했다. 이는 유료방송 시장이 포화 상태에 이르고 이용자 이탈이 현실화 되었음을

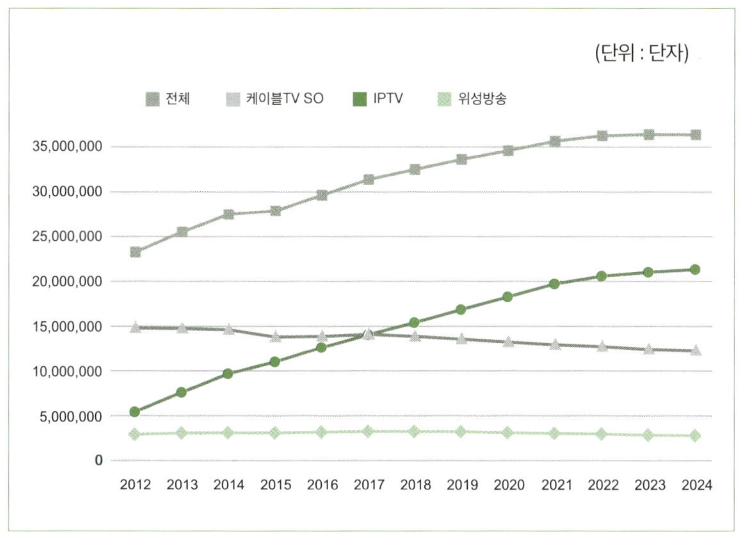

출처: 과학기술정보통신부(2025. 5. 30) 보도자료를 포함하여 관련 통계 정리

보여주는 상징적 지표로 해석된다.

〈그림 3〉에서 2020년과 2023년 유료방송 종류별 가입자 수를 비교해 보면, IPTV 가입자 수는 1,854만에서 2,093만으로 증가하였으나 증가 폭은 이전 시기보다 축소되었다. 반면 케이블TV는 1,313만에서 1,254만으로 감소하여 꾸준한 하락세를 보였고, 위성방송도 308만에서 284만으로 감소하였다.

전체 유료방송 가입자 증감률은 2021년 이후 1% 미만으로 떨어졌고, 가입자당 평균매출(ARPU)도 2020년 8,784원에서 2022년

<표 3> 국내 유료방송 연대기별 주요 변화

2009-2016	2016-2020	2020-2023
IPTV 성장기	IPTV 중심 유료방송 구조 개편기	OTT 성장기
- 2009년 상용화된 IPTV가 급속도로 성장하면서 2017년 IPTV 가입자가 케이블TV SO에 근접하는 양상이 나타남 - CJ헬로비전이 매각을 시도하면서 본격적인 유료방송 구조 개편 국면으로 접어들게 됨	- LG유플러스가 CJ헬로를 인수 - SKB가 티브로드를 합병 - KT스카이라이프가 현대HCN을 인수하면서 유료방송 구조 개편이 1차적으로 완료	- 코로나로 인한 거리두기로 전체적인 미디어 이용량이 늘어났으나 유료방송의 경우 본격적인 성장 둔화 현상이 발생 - OTT를 포함한 디지털 플랫폼을 통한 동영상 이용이 대세로 자리 잡음

출처: 노창희. (2024). 유료방송 30년에 대한 조망과 정책 제언. 한국방송통신전파진흥원.

8,571원으로 하락하는 추이를 보였다. 특히 케이블TV 가입자층의 고령화가 두드러져 신규 가입 유입이 거의 없는 상태이며, IPTV 역시 가입자수 증가 폭이 감소하고 있고, 이동통신 시장도 성장이 둔화되어 향후 가입자 확대를 기대하기 어려운 상황이다.

III.
국내 방송미디어 산업에서 IPTV의 성과와 한계

1. IPTV의 등장과 국내 유료방송 시장 재편

IPTV 도입 이전 국내 유료방송 시장구조

가. 유료방송 플랫폼 시장

국내 방송산업의 성장 과정은 지금까지 크게 3기로 구분할 수 있는데, 1기는 1990년대~2000년대 초반에 해당한다. 1990년대 지상파 중심으로 방송시장의 고도 성장기가 있었으나, 1998년 IMF 경제 위기가 발생하면서 성장세가 위축되던 시기였다. 이 당시 방송시장이나 정책적으로 주목할 만한 이슈는 1995년 케이블TV가 도입되면서 다매체·다채널 시대가 도래하기 시작했다는 것이다.

2기는 2000년대 초반부터 2010년대 초반까지로 볼 수 있는데, 이 때는 케이블TV의 성장과 함께 위성방송이 도입되면서 유료방송 중심으로 방송시장이 성장하였고, 상대적으로 지상파 방송은 성장

세가 둔화되기 시작한 시기였다.[2]

국내 유료방송 시장 중심으로 접근하면, IPTV 도입 이전에는 중계유선방송(RO)과 케이블TV 도입 이후 위성방송을 중심으로 유료방송 시장이 형성되어 있었다.

국내 유료방송 시장은 1960년대부터 경남 지역 등을 중심으로 중계유선방송이 자연발생적으로 사업을 시작한 것에서 태동되었다고 볼 수 있다.[3] 즉, 국내 유료방송 태동기의 중계유선방송은 지상파 방송[4]의 난시청 해소를 위한 수신 보조 또는 보완적 역할을 수행하는 목적이었다. 따라서 1995년 종합유선방송이 도입되기 이전에는 중계유선방송이 지역별로 분할하여 독점적인 유선방송서비스를 제공하는 시장구조였다고 볼 수 있다. 다만, 중계유선방송이 단순히 지상파 방송을 중계하는 서비스였기 때문에 이를 엄밀한 의미로서의 유료방송서비스로 보기에는 어려운 점이 있다. 즉, 중계유선방송은 네트워크 차원에서 시청자나 국민에 대한 도달을 확보하기 위

2. 이 시기에는 복수채널사용사업자의 성장, 종편PP의 도입 등으로 인해 지상파 방송 중심의 콘텐츠 및 채널 체제가 약화되기 시작했다.

3. 1950년대 농촌 지역 등에서 시행한 라디오 중계유선 방송(라디오 방송을 수신 후 유선으로 중계하여 마을 등에서 확성기를 통해 공동으로 청취하는 방식)을 유료방송의 시초로 보는 경우도 있다.

4. 당시 지상파 방송은 주로 공보적 기능을 수행하였다.

한 수단이었지 '일정한 대가를 지불하고 다채널 서비스를 향유하는 방송서비스'로 볼 수는 없다는 것이다. 그러나 이후 중계유선방송이 편법적으로 해외 위성방송 채널을 중계하거나 지상파 방송 프로그램을 녹화한 후 재방송을 제공하면서 다채널 형태의 서비스로 변화하였다(이상식, 1999).

이후 1994년 말 「종합유선방송법」[5]이 제정되고 1995년에 종합유선방송이 도입되면서 명실공히 다채널 유료방송 서비스가 시작되었다. 이에 따라 이때부터 국내 유료방송 시장구조는 SO와 RO가 경쟁하는 구조로 변화하였다.[6]

종합유선방송사업자는 1995년 1차로 53개 사업자를 허가한 이래 1997년 2차로 24개의 SO를 추가로 허가해 총 77개 방송권역에 77개의 SO를 허가하게 되었다. 1997년 당시 RO는 종합유선방송 1차 허가지역에 329개, 2차 허가지역에 531개로 총 860개 업체가 사업을 영위하고 있었는데, 전국의 77개 종합유선방송권역에서 기존의 RO와 신규로 시장에 진입한 SO 간의 경쟁관계가 형성된 것이다. 그러나 채널 수 부족과 함께 1997년 말 경제위기가 닥치면서 종합유선방송의 성장이 예상과 달리 크게 지체되었다.

---

5. 종합유선방송법은 1991년 12월 31일 제정되었고, 2000년 1월 12일 폐지되었다.

6. 중계유선방송사업자는 RO, 종합유선방송사업자는 SO로 칭하기로 한다.

종합유선방송과 중계유선방송으로 이원화되어 있던 시장구조는 두 차례에 걸친 RO의 SO 전환 정책에 의해 시장 통합이 추진되었다(이영미·정용찬, 2009). 이후 SO들이 RO를 적극적으로 인수하면서 SO 중심의 시장구조로 변화하게 되었다.

이후 2002년 위성방송이 국내에 도입되는데, 한국디지털위성방송(KDB)은 2000년 12월에 허가 받은 이후 2002년 3월 첫 방송을 시작하였다. 위성방송은 기존 RO나 SO와 달리 전국을 방송구역으로 하여 유료방송 서비스를 제공하였고, 당시 상대적으로 협소한 시장(방송구역)을 보유한 RO나 SO에 비해 경쟁력이 있을 것으로 전망되었다. 그러나 위성방송 도입 초기에는 지상파 방송 채널이 재송신되지 못하면서 킬러 콘텐츠가 부재하였고, SO의 견제에 따라 다소 어려움을 겪었다. 그럼에도 불구하고, 국내 유료방송 시장이 확산·성장기에 진입하면서 위성방송 역시 견조한 성장세를 보였다. 이후 국내 유료방송 시장은 케이블TV가 사실상 지배적 위치에 있었으며, 위성방송이 이와 경쟁하는 구조를 보였고, RO는 쇠퇴기에 진입하면서 시장이 축소되기 시작했다.

2000년대 들어 방송의 디지털 전환과 방송·통신 융합이 주된 화두이자 트렌드로 부상하면서 방송·통신 융합의 대표적 서비스인 IPTV 도입이 검토되기 시작했다. 이후 2006년 초고속인터넷서비스 사업자가 Pre-IPTV 서비스를 시작하면서 (비록 비실시간 VOD 서비스

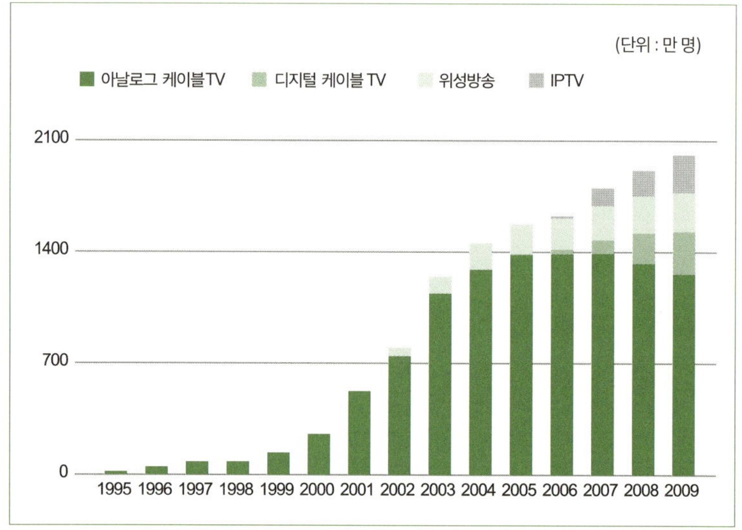

자료 : 방송통신위원회, 「방송산업실태조사 보고서」

중심이었지만) 국내 유료방송 시장구조는 IPTV의 도입을 앞두고 경쟁이 보다 심화되기 시작했다.(〈그림 4〉 참조)

나. 유료방송 콘텐츠 시장

국내 유료방송 콘텐츠 시장은 케이블TV가 도입되면서 활성화되기 시작하였다. 1995년 1차로 29개의 방송채널사용사업자(이하 PP)가 허가를 받아 시장에 진입하였다(최초에는 허가제를 적용). 그러나 1997년에 발생한 국가 경제위기로 인해 유료방송 시장의 성장이

지체되었고, 이에 따라 정부가 규제완화 차원에서 2001년 PP의 진입제도를 승인제로 전환하였다. 이후 2차로 15개의 PP가 시장에 추가로 진입하였다. 2002년 다채널 유료방송 서비스 활성화 및 위성방송 도입의 명분으로 승인제에서 등록제로 진입규제를 완화하면서, 이때부터 PP의 숫자가 빠르게 증가했고, 이에 따라 방송채널도 증가했다.

이와 같이 2002년 이후 유료방송 콘텐츠 시장구조가 경쟁시장 형태로 변화하게 되었고, 또한 주목할 만한 시장구조의 변화가 있었다. 즉, SO와 PP의 수직결합이 허용되어 MSP(Multiple SO PP; 복합케이블TV 방송사업자 또는 SO PP 겸영사업자)가 등장하여 유료방송 시장에서 경쟁우위를 갖고자 하는 전략이 시작되었다. 또한 PP 간의 통합 및 M&A가 이루어지면서 MPP(Multiple PP; 복수채널사용사업자)도 다수 등장하였다.

유료방송 시장을 활성화하고 방송의 다양성을 제고하고자 하는 정부의 정책적 노력으로 인해 유료방송 콘텐츠 시장이 본격적으로 경쟁 시장화 되었고, 전문 편성을 중심으로 콘텐츠의 다양성 역시 증가하였다. 그러나 여전히 지상파 콘텐츠에 대한 의존도가 높은 상태였기 때문에 유료방송 만의 독자적인 콘텐츠나 비즈니스 모델은 부족한 상태였다.

2000년대 후반까지를 국내 방송산업 발전 단계의 2기였다고 한다면, 3기는 2010년대 초반부터 2010년대 후반까지로 볼 수 있다. 2006년 Pre-IPTV 도입 이후 2009년 본격적으로 IPTV가 서비스를 개시하면서 국내 유료방송 플랫폼 시장은 사실상 완전한 경쟁 체제로 전환되었다. 기존의 지배적 유료방송 매체였던 케이블TV가 IPTV와 경쟁하기 시작했고, IPTV의 빠른 성장이 시작되었다. 이로 인해 기존 케이블TV SO와 IPTV 3사, 위성방송이 경쟁하는 구조가 형성되었으며 국내 유료방송 시장의 저변이 확대되는 성과를 내게 되었다.

한편, 유료방송 콘텐츠 시장은 CJ ENM으로 대표되는 MPP의 성장과 함께 종편 4사가 신규 승인을 받고 시장에 진입하면서 지상파방송-MPP-종편PP의 3강 체제가 형성됨은 물론 본격적인 콘텐츠 경쟁이 시작되었다. 이에 따라 다른 측면에서 보면 국내 유료방송 시장의 역동성이 가장 컸던 시기라고 할 수 있다.

2010년대 중후반에 OTT 서비스가 도입되기 시작했고, 2016년에 넷플릭스가 국내 시장에 진입했다. 즉, 2010년대 후반부터 현재를 국내 유료방송 시장의 제4기라고 할 수 있는데, 해당 시기의 주요한 특징은 기존의 전통적 방송에 온라인 스트리밍이라는 새로운 형식의 미디어 서비스가 진입하여 경쟁하기 시작했다는 것이다.

OTT의 약진으로 인해 전통적 방송, 특히 유료방송이 위축되기 시작했고 특히 글로벌 OTT의 국내 시장 잠식이 심화되기 시작했다.

기존 위성방송이나 IPTV의 도입을 유료방송 시장 내에서의 구조 변화라고 한다면, OTT의 진입과 확산은 전체 미디어 시장의 구조 변화라는 의의가 있다. 또한 케이블TV나 위성방송, IPTV는 정부의 정책에 따라 시장 경쟁을 조정하면서 진입했다는 특징(소위 Walled garden 모델)이 있는 반면, OTT는 시장에서 자연발생적으로 서비스가 도입되었고, 글로벌 사업자가 정부의 진입정책이나 경쟁정책과는 무관하게 국내 시장에 진입하여 국내 전통적 유료방송 사업자와 경쟁을 시작했다는 점에서 매우 큰 시사점이 있다.

한편 유료방송 시장 내에서는 케이블TV의 가입자 감소가 시작되고, IPTV를 중심으로 시장이 재편되기 시작했다. 이는 결국 미디어 플랫폼의 세대교체 과정이라고 볼 수 있는데, 기술적인 측면에서는 RF 방식이 All-IP 방식으로 진화하고, 서비스 측면에서는 양방향 서비스 및 결합상품 중심으로의 변화가 일어나면서 유료방송 시장이 IPTV로 수렴하였다. 동시에 OTT가 유료방송 서비스의 강력한 경쟁자가 되면서 코드커팅이나 코트쉐이빙 현상의 발생이 일부 시작되었다.

이로 인해 결국 2018년부터 IPTV를 중심으로 한 유료방송 시장의 구조개편이 시작되었다. 즉, M&A를 통해 케이블TV SO가 IPTV

구분	'23년 하반기		'24년 상반기		증감	
	가입자수	점유율(A)	가입자수	점유율(B)	가입자수	점유율(B-A)
IPTV	20,925,902	57.6%	21,071,566	58.0%	145,664	0.4%P
케이블TV SO	12,541,500	34.6%	12,412,496	34.2%	-129,004	-0.4%P
위성방송	2,842,704	7.8%	2,820,716	7.8%	-21,988	0%P
합계	36,310,106	100.0%	36,304,778	100.0%	-5,328	-

자료 : 과기정통부, '24년도 상반기 유료방송 가입자 수 및 시장점유율, 2024. 11. 22

로 합병되거나 인수되기 시작했다. SK브로드밴드가 2위 SO였던 티브로드를 합병하였고, LGU+는 1위 SO였던 CJ헬로비전을 인수하였다. 또한 2021년 8월 27일 1위 IPTV 사업자인 KT가 KT Skylife를 통한 HCN 인수를 마무리함으로써 유료방송 시장구조 개편이 사실상 완료되었다. 이로 인해 KT군, SK브로드밴드군, LGU+군의 3사 과점체제가 형성되었다.

이와 같이 유료방송 시장은 IPTV가 주도한 시장구조 개편이 이루어졌으나, IPTV 역시 디지털 매체 중심으로 동영상 소비가 재편되면서 성장세가 둔화되는 등 성숙기를 넘어 쇠퇴기로의 진입이 우려되는 상황이다.

한편, PP 시장의 콘텐츠 유통 구조 변화에 따른 PP의 유료방송 플랫폼 의존도가 감소됨과 동시에 대형 MPP의 영향력 강화 및 양극화

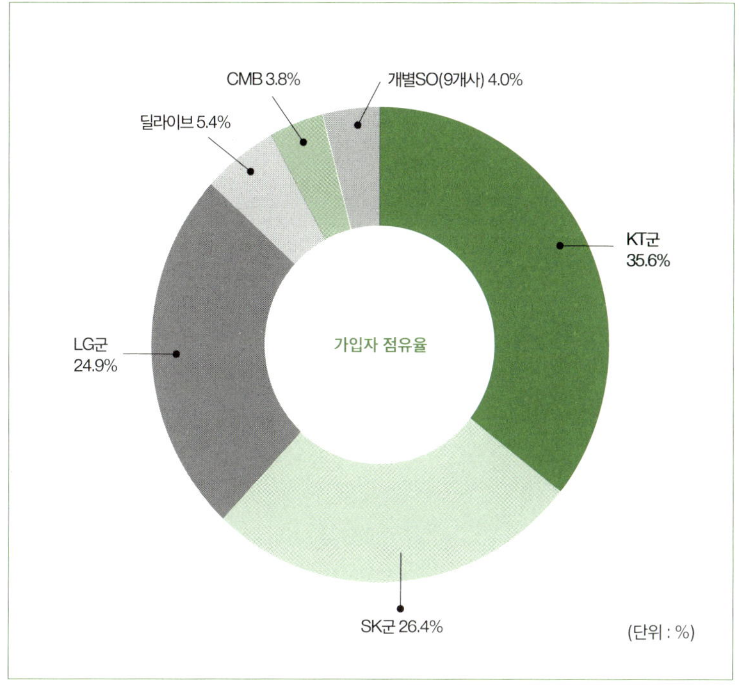

지료 : 괴기정통부, '24년도 상반기 유료방송 가입자 수 및 시장점유율, 2024. 11. 22.

추세가 심화되었다. 동시에 OTT의 등장으로 인해 기존 유료방송 채널의 시청 대체가 발생하며 전체적인 시청률은 하락 추세로 전환되었다. 즉, 유료방송 콘텐츠 시장은 지상파 방송사와 대형 MPP, 종편PP를 중심으로 하는 시장구조가 되었으나, 전체적인 시청률이나 이용시간은 감소하는 양상을 보이기 시작한 것이다.

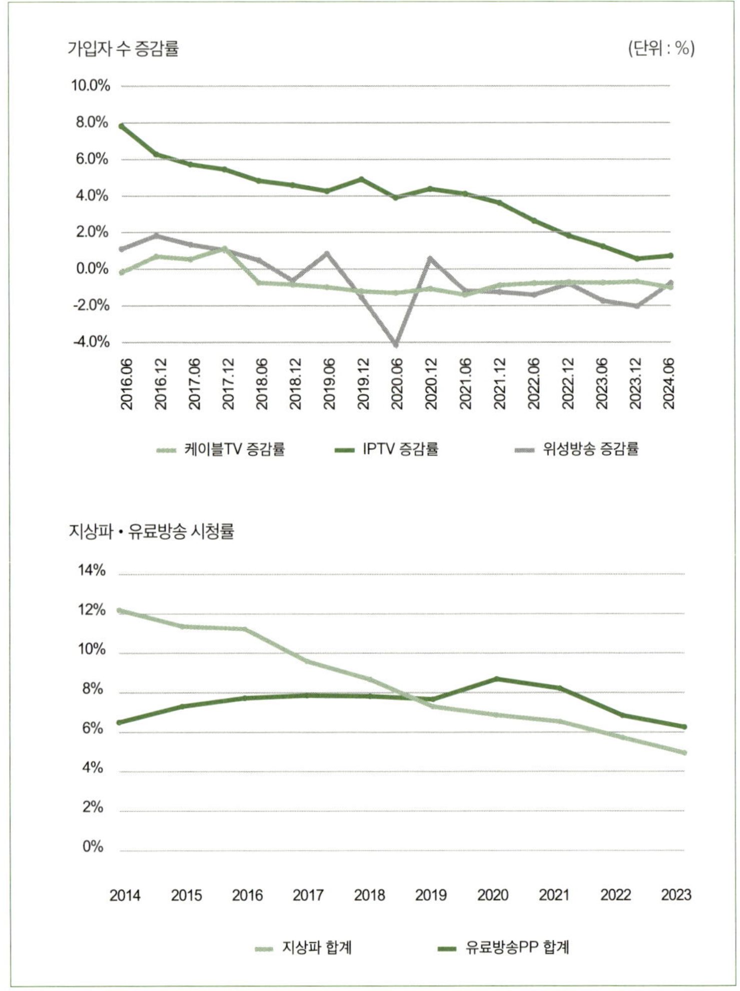

자료 : 과기정통부 상게서 및 방송통신위원회 「2024년 방송시장 경쟁상황평가」

국내 유료방송 시장구조 개편의 특징 및 시사점

국내 방송산업 발전의 역사적 과정이 지상파에서 유료방송으로, 나아가 OTT 등 온라인 디지털미디어로 변화하고, 공적 기능 중심에서 시장 중심으로 변화하는 중이다. 특히 전술한 바와 같이 국내 유료방송 시장은 중계유선방송에서 케이블TV로, 케이블TV에서 IPTV로 그 중심축이 이동해 왔으며, 독점시장에서 경쟁시장으로 변화해 왔다. 그 과정에서 IPTV는 국내 유료방송 플랫폼 시장 및 콘텐츠 시장의 활성화에도 크게 기여했다고 할 수 있으나, 2010년대 중반 이후 OTT의 약진으로 인해 IPTV 중심의 유료방송 시장과 OTT 시장으로 양분된 상태의 구조를 보이며 경쟁 중이다.

이러한 시장구조 개편의 특징은 유료방송 뿐만 아니라 방송 영역 전반의 독점 해체가 이루어지는 과정이었다고 할 수 있으며, 기존에는 통제된 경쟁을 통한 인위적 해체였으나 최근에는 시장의 자발적 진입과 구조개편에 의한 해체 양식을 보였다. 즉, 기존의 방송시장은 소위 정부에 의해 통제된 경쟁체제(controlled competition)를 유지하면서 정부 주도의 신규 매체 도입 또는 사업자 진입에 따라 독점이 부분적으로 해체되는 방식[7]이었으나, 2000년대 들어 방송통신

---

7. 이와 같은 방식을 개별시장 접근방식(discrete market approach)이라고 하며, 이는 개별 시장별로 경쟁을 인위적으로 통제하면서 신규 사업자를 도입하는 정책 유형을 뜻한다.

융합이 일반화되면서 전통적인 방송서비스 또는 사업자와 자연발생적인 온라인 기반의 미디어 사업자 간의 경쟁을 통해 독점이 해체되는 양상으로 변화해 온 것이다. 이에 따라 온라인 기반 미디어의 영향력이 확대되고, 특히 공적 기능보다는 산업 또는 혁신 기능이 강조되면서 정책 방향 역시 시장경쟁과 성장을 중시하는 관점으로 변화하였다. 향후에도 이러한 양상이 지속될 것으로 보이며, 유료방송 시장구조는 시장 경계 소멸에 따른 미디어 시장으로 확대되는 모습을 보일 것으로 전망된다.

또 다른 특징은 유료방송 시장구조 개편과 함께 이에 상응하는 성장구조의 변화도 이루어지고 있다는 점이다. 국내 방송산업의 성장 방식은 주로 정책적인 판단에 민감한 영향을 받아 왔으며, 거시적으로 첫째, 기존 사업자의 독점적 지대를 신규 매체 또는 사업자에게 정책적으로 이양하는 방식으로 성장하거나,[8] 둘째, 신규 매체를 정책적으로 도입하면서 매체 도입 효과에 의한 시장의 양적 성장(shift-up)을 추진하는 방식을 보여 왔다.[9]

그러나 최근에는 전술한 바와 같이 OTT와 같이 시장에서의 자연

---

8. 신규 매체가 도입되면 신규 매체의 시장 연착륙 및 활성화를 위해 기존 매체에 대해서는 일정 수준 규제를 유지하는 대신 신규 매체 규제 완화 등을 통해 정책적으로 지대가 이전되도록 해 왔다.

발생적인 서비스들이 도입·확산되면서 경쟁이 심화되어 이러한 정책 주도적 성장 방식이 한계에 봉착했다. 따라서 경쟁적 시장으로의 구조변화는 신규 매체 도입보다는 기존 매체 또는 사업자에 대한 규제완화에 기반하여 공정경쟁을 촉진하여 시장의 성장을 도모하는 간접적 성장 방식을 주로 활용하고 있다. IPTV의 경우, 비록 시장구조 개편을 주도해 왔지만, 유료방송 시장 전반의 성장정체에 따라 정부주도에서 시장주도로 변화하는 성장 방식에 대응한 성장모델과 OTT와의 양분된 시장구조 하에서의 새로운 성장전략 모색도 요구되는 상황이라고 할 수 있다.

---

9. 국내 방송산업 정책(성장정책 및 경쟁정책)은 케이블TV, 위성방송, IPTV 등을 도입하면서 시장의 양적 성장과 함께 경쟁 도입을 촉진하는 방식이었다(= 진입에 의한 성장과 경쟁확대).

2. IPTV의 K-콘텐츠 성장 기여

IPTV의 K-콘텐츠 양적 성장 기여

국내 콘텐츠, 특히 PP 시장의 양적 성장은 2000년대 들어 본격화되었는데, 1995년 케이블TV 도입 당시에는 PP에 대해 승인제가 적용되고 있어 사업자 수는 물론 시장 규모 역시 크지 않았다. 더군다나 1997년에 경제위기가 발생하면서 케이블TV 시장 전반이 크게 위축되었고 PP 시장 역시 마찬가지로 침체되었다.

이후 경기가 회복되면서, 케이블TV 시장 및 PP 시장 육성을 위해 PP에 대한 진입제도가 승인제에서 등록제로 완화되었고, 이를 계기로 PP 시장이 빠르게 성장하였다. 즉, 초기 방송콘텐츠 시장이라 할 수 있는 국내 PP 시장은 초기에는 케이블TV와 함께 성장해 왔다고 할 수 있고, 다채널 서비스로의 진화가 이때 이루어졌다고 할 수 있다.

2009년 IPTV가 본격적으로 서비스를 개시한 이래로 케이블TV

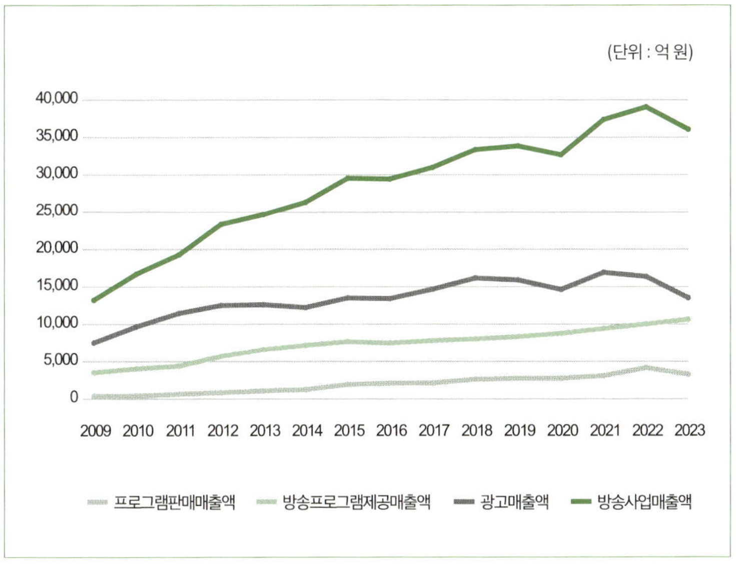

자료 : 방송산업실태조사 보고서 각 호

외에 IPTV라는 중요한 주류 유료방송 플랫폼이 등장하면서 PP 입장에서는 새로운 유통 창구가 형성되어 신규 수익원을 창출할 수 있는 계기가 추가로 마련되었다. 나아가 IPTV는 실시간 채널 외에 VOD와 같은 새로운 콘텐츠 단위의 유통 창구를 만들어내면서 국내 콘텐츠 산업의 발전에 유의미하게 기여하였다. IPTV의 콘텐츠 산업에 대한 기여는 크게 PP 등 채널사용사업자의 매출 확대에 있으며, 또한 전술한 바와 같이 VOD 서비스를 통해 콘텐츠 사업자의 콘텐츠 관련 추가 매출 확대에도 중요한 역할을 했다.

실제로 IPTV가 도입된 2009년부터 2023년까지 PP(홈쇼핑 제외)의 방송사업매출은 연평균(CAGR) 7.4% 성장하여 3조 6,021억 원 수준까지 증가하였으며, 특히 콘텐츠 관련 매출인 프로그램 제공 매출액[10]과 프로그램 판매 매출액[11]이 각각 연평균 8.2%, 16.6% 성장하였다.(〈그림 7〉 참조)

IPTV 가입자 수 추이와 PP의 방송프로그램 제공 매출액 추이를 살펴보면 IPTV가 PP의 매출 성장에 기여하는 바가 보다 명확히 설명된다. IPTV 가입자 증감율과 방송프로그램 제공 매출액 증감율 추이 간에 매우 유의한 동조 추세를 보이고 있으며, 가입자 수와 매출액 간에는 0.9747의 매우 높은 상관관계를, 증감율 간에는 0.7058의 유의하게 높은 상관관계를 보이고 있다. 이것이 의미하는 것은 IPTV의 성장이 PP의 매출(방송프로그램 제공 매출)에 긍정적인 영향을 미쳤다는 것이다.[12] (〈그림 8〉 참조)

PP의 방송프로그램 제공 매출액 수준의 동조성은 보이지 않으

---

10. 유료방송 플랫폼 사업자가 실시간 PP 채널에 지급하는 금액을 의미한다.

11. PP가 유료방송 플랫폼, OTT 등에 자신의 콘텐츠를 판매하여 수취하는 금액을 의미한다.

12. IPTV 사업자는 자신의 가입자로부터 수신료(이용요금)를 수취하여 PP에게 배분하기 때문에 IPTV의 수신료 매출 증가는 PP에 대한 프로그램 사용료 배분 몫을 확대시킨다.

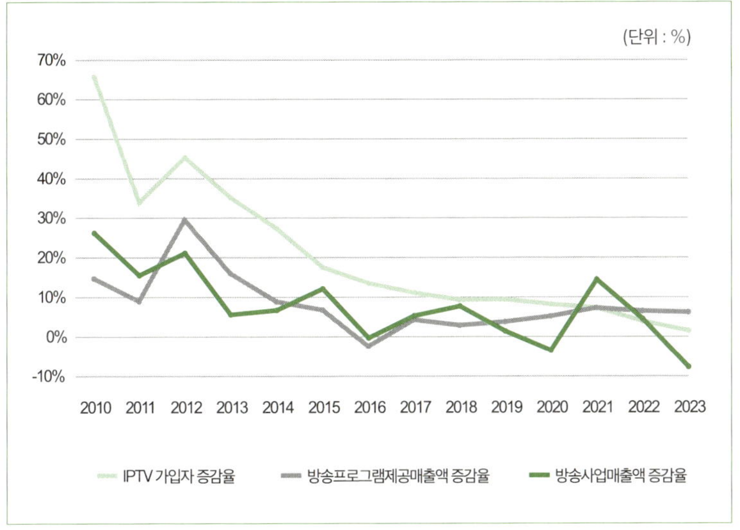

자료 : 과기정통부 상게서 및 방송통신위원회 「방송산업 실태조사 보고서」각호

나, PP의 방송사업 매출액 역시 IPTV 가입자 수와 유사한 추세를 보인다. 다만, PP의 방송사업 매출액에는 방송광고 매출액이 포함되어 있는데, 이는 국내 경기 및 소비수요, 광고주 선호도, PP 채널 시청률 등의 요인에 따라 IPTV 가입자 수의 영향을 크게 받지 않는다. 오히려 PP 광고매출은 2021년 이후 크게 감소했으며, 이는 모바일 및 OTT(유튜브 등)와의 경쟁에 의한 영향으로 볼 수 있다.

IPTV의 K-콘텐츠 질적 성장 기여

IPTV는 서비스 초기 융합 및 유료방송 플랫폼의 역할에 집중하고 있었으나, 유료방송 시장의 구조개편과 OTT 확산에 대응하여 콘텐츠 부문에 대한 투자와 경쟁력 확보를 위해 노력하였다. 즉, 과거에는 채널이나 VOD 중심의 콘텐츠 유통에 집중했다면, OTT의 확산에 따라 가입자 유치 및 유지를 위해 차별화된 콘텐츠 확보에 사활을 걸기 시작했다. 이는 단순한 콘텐츠 유통을 넘어 콘텐츠 제작에 직접 투자하는 '콘텐츠 시장 참여자'로의 전환을 추진한 것이다.

IPTV 사업자 중 KT와 LG유플러스는 콘텐츠 부문의 경쟁력 확보를 위해 대규모 자본 투입과 제작 스튜디오를 설립했다. KT의 '스튜디오 지니'와 LG유플러스의 '스튜디오 X+U' 등 IPTV 사업자들은 자사의 콘텐츠 제작 역량을 강화하기 위해 전문 스튜디오를 설립하고 대규모 자본을 투입했으며, 이를 통해 탄생한 〈이상한 변호사 우영우〉와 같은 킬러 콘텐츠는 국내외에서 큰 성공을 거두며 K-콘텐츠의 위상을 높이는 데 기여했다. 또한 IPTV 사업자들은 드라마, 예능뿐만 아니라 새로운 형식과 소재의 콘텐츠에 과감히 투자하며 장르 다양성을 확대했다. 예컨대 LG유플러스의 〈아이들 나라〉와 같이 기존 방송콘텐츠와 차별된 부가서비스용 콘텐츠도 이용자들에게 좋은 평가를 받는 등 콘텐츠 차별성을 높이는데 일조하였다. 한편, 채널로는 SK브로드밴드가 계열사인 미디어S를 통해 신규 채널

<그림 9> **KT ENA 채널의 주요 콘텐츠**

자료 : KT ENA 홈페이지

인 채널S를 런칭하면서 예능 중심의 콘텐츠를 제작, 방송하였다.[13]

국내 콘텐츠 산업의 질적 발전이라는 측면에서 보면 우선 KT가 설립한 콘텐츠 전문 기업 '스튜디오 지니'는 설립 초기부터 공격적인 투자와 기획을 통해 웰메이드 드라마 제작에 앞장섰다. 대표적인 오리지널 콘텐츠로 〈이상한 변호사 우영우〉, 〈구필수는 없다〉, 〈신

---

13. KT의 계열 PP 채널로는 ENA, SK브로드밴드의 채널S가 있다. LGU+의 계열 채널은 현재 없고(미디어로그를 LG헬로비전으로 양도), 대신 LG헬로비전의 더 라이프 채널이 있다.

자료 : 각 사 홈페이지

병 시리즈〉, 〈유어 아너〉 등을 제작하였다. 또한 드라마 전문 채널인 ENA를 설립하여 스튜디오 지니 등에서 제작한 오리지널 콘텐츠를 편성·방송하고 우수한 성과를 만들어내기도 했다.

특히 〈이상한 변호사 우영우〉는 신생 채널이었던 ENA에서 방영되었음에도 최고 시청률 17.5%를 기록하여 '우영우 신드롬'을 일으켰으며, 넷플릭스를 통해 전 세계에 공개되어 비영어권 드라마 부문 1위를 차지하는 등 글로벌 흥행에도 성공했다.

또 다른 IPTV 계열의 대형 스튜디오인 LG유플러스 'STUDIO

X+U'는 주로 MZ세대를 타겟팅한 트렌디 콘텐츠를 전문으로 제작하였다. 'STUDIO X+U'는 젊은 층을 대상으로 하는 신선하고 실험적인 콘텐츠를 선보이며 '미드폼' 및 '하이틴' 장르에서 경쟁력을 보이고 있다. 대표적인 오리지널 콘텐츠 드라마로는 〈하이쿠키〉, 〈밤이 되었습니다〉, 〈브랜딩 인 성수동〉, 〈타로〉 등이 있으며, 예능으로는 〈내편하자〉, 〈맨인유럽〉, 〈별의별걸〉 등이 있다.

'스튜디오 X+U'의 대표적 작품으로는 〈선의의 경쟁〉(2025)과 〈밤이 되었습니다〉(2023) 등이 있는데, 〈선의의 경쟁〉은 공개 후 U+모바일TV에서 가장 높은 시청 UV(순방문자 수)와 시청건수를 기록했으며, 넷플릭스 비오리지널 시리즈 비영어권 국내외 TOP 10위, 국내 주요 OTT에서 1위를 차지하며 높은 화제성을 보였다. 그리고 〈밤이 되었습니다〉는 넷플릭스에서 5주간 국내 TOP 10에 머물렀으며, 한때 드라마 부문 1위를 기록하는 등 청소년들 사이에서 높은 인기를 기록했다. 해당 콘텐츠들은 MZ세대를 타겟팅하여 신선한 설정과 세계관을 통해 기존 하이틴 드라마와 차별화에 성공했다. 특히 숏폼 콘텐츠에 익숙한 MZ세대의 시청 습관에 부합하도록 빠른 호흡의 '미드폼' 포맷으로 회당 30분 내외의 짧은 러닝타임과 속도감 있는 전개로 차별화를 꾀하여 성과를 올렸다.

위의 두 사업자와 같이 스튜디오를 설립하는 형태 외에 SK브로드밴드는 2021년에 오락·예능을 주로 편성하는 PP 채널인 채널S를 설립하였다. 채널S는 카카오엔터테인먼트와 제휴하여 카카오TV의 오리지널 콘텐츠를 편성하기도 했고, 유명 연예인이 출연하는 예능 오리지널 콘텐츠를 제작·편성하였다. 런칭 초기에는 강호동이 출연한 〈잡동산〉, 신동엽이 출연한 〈신과함께〉 시리즈가 비교적 좋은 성과를 거두었고, 이후 〈김구라의 라떼〉, 〈니돈내산 독박투어〉 등이 대표적인 프로그램이었다.

이와 같이 '스튜디오 지니'는 웰메이드 드라마 중심, 'STUDIO X+U'는 젊은 감각의 트렌디한 콘텐츠로 차별화 시도, 채널S는 예능 중심의 오리지널 콘텐츠와 이를 편성하는 PP로서 우리나라 콘텐츠 산업의 질적 발전에 기여하고 있다.

IPTV의 K-콘텐츠 유통 환경 개선 기여

IPTV가 국내 방송산업의 발전에 가장 크게 기여한 것은 단지 시장 규모의 확대가 아니라 VOD로 대표되는 양방향 서비스의 활성화라고 할 수 있다. 물론 2005년 도입된 디지털 케이블TV 서비스가 있었으나, VOD를 본격적으로 주요 미디어 서비스로 시장에 안착시키면서 새로운 콘텐츠 유통 창구를 형성시켜 콘텐츠 시청 확대와 산업 발전 여건을 조성한 것은 IPTV의 공이었다.

국내 VOD 시장은 '급격한 성장-급격한 위축'이라는 시장 사이클을 보였다는 특징이 있는데, 급격한 성장이라고 할 수 있는 성장기는 IPTV 도입 직후 2010년부터 넷플릭스가 국내 미디어 시장에 진입한 직후인 2018년까지로 볼 수 있다. 해당기간 동안 IPTV 가입자가 급증하면서 VOD 시장은 연평균 두 자릿수 이상의 높은 성장률을 기록하며 2018년에는 1조 원 규모의 시장으로 크게 성장했다. 이 시기 IPTV는 실시간 채널뿐만 아니라 개별 콘텐츠 단위를 유통하는 새로운 매체로 자리매김했고, 콘텐츠 사업자들에게는 중요한 수익원이자 유통 창구가 되었다.

그러나 2016년 국내 미디어 시장에 넷플릭스가 진입하고, 티빙과 웨이브 등 OTT 시장의 확장과 경쟁이 본격화되었다. 초기 OTT 시장은 '모바일 기반의 VOD 서비스'에 불과했으나, 넷플릭스가 진입하면서 새로운 콘텐츠와 시청경험을 제공하게 되었고, '확장된 VOD 서비스'와 '구독 서비스'의 장점을 발판으로 빠르게 성장하였다. 이로 인해 경쟁 서비스라 할 수 있는 IPTV의 VOD 시상은 하락세로 전환되었다.

이와 같은 VOD 시장의 위축은 엄밀하게는 VOD의 문제라기 보다는 OTT의 차별성과 장점이 도드라졌기 때문이라고 볼 수 있다. 즉, 구독경제가 보편화되면서 월 구독료만 내면 무제한으로 콘텐츠를 즐길 수 있는 OTT 모델(SVOD)이 단건 결제 방식의 VOD 모델(TVOD)보다 가격 경쟁력에서 우위를 점했고, 오리지널 콘텐츠로 단지 기존 실시간 방송프로그램 또는 극장 상영작의 2차 창구였던 VOD와 차별화된 서비스를 제공했기 때문이다. 이로 인해 2014년 약 5,800억 원의 VOD 시장 규모가 2018년 1조 500억 원으로 정점을 기록한 후, 2023년 4,172억 원으로 급감하게 되었다.

하지만 아이러니하게 IPTV의 VOD는 OTT 성장의 토양이 되었다고도 할 수 있다. VOD 시장의 위축과는 별개로, IPTV는 VOD 서비스를 통해 콘텐츠 유통 구조에 혁신과 큰 변화를 가져오며 콘텐츠 산업 생태계에 지대한 영향을 미쳤다. 이것이 갖는 의미는 크게 세 가지다.

첫째, IPTV VOD는 영화 산업의 수익 구조를 크게 변화시켰는데 극장 상영 이후 2차 수익을 창출하는 '부가 시장' 또는 '부가 판권 시장'이 IPTV VOD를 중심으로 재편되었다. 동시에 영화 산업에서 차지하는 비중이 미미했던 부가 시장 매출 규모가 VOD를 통해 주요 수익원이 되었다. 즉, 과거 DVD, 비디오테이프 등 물리적 매체에 의존했던 부가 시장은 불법 복제에 취약하고 유통 비용이 높았으나, IPTV VOD는 낮은 유통 비용으로 대규모 가입자에게 영화를 직접 공급하며 안정적이고 예측 가능한 수익을 창출할 수 있게 되었다.

둘째, 소위 '롱테일 콘텐츠 시장'이 형성되어 콘텐츠의 수명 주기가 연장되었고, 구작 콘텐츠의 재활용 가능성이 확대되었다. 극장에서 조기 종영된 영화나 예술·독립 영화, 종영된 드라마 등의 방송 콘텐츠도 IPTV VOD를 통해 재발굴되고[14] 재시청되는 등 콘텐츠의 재활용이 가능한 환경이 만들어졌다. 이는 콘텐츠의 수명 주기를 연장하고 제작자들의 다양한 시도를 가능하게 하는 긍정적인 효과를 낳았다.

셋째, IPTV VOD는 시청자가 원하는 시간에 원하는 프로그램을 볼 수 있는 '타임 시프팅(Time-shifting)' 트렌드를 정착시켜 시청행태를 진화시켰다. 이에 따라 '본방 사수'로 대표되는 방송 시간에 얽매이지 않고, 대신 자신의 라이프 스타일에 맞춰 드라마, 예능 등을 몰아보거나 다시 볼 수 있게 되었다. 이는 콘텐츠 소비를 유연하게 함으로써 콘텐츠 유통 역시 판매-구매 방식의 다양화를 가능케 하였다.

결론적으로 IPTV VOD는 2010년대 콘텐츠 산업의 발전을 이끈 핵심 동력이자 유통 구조의 혁신을 가져온 매체였다. 비록 OTT의 등장으로 그 위상이 예전 같지는 않지만, 여전히 중요한 유봉 창구로서 기능하며 콘텐츠 제작사들에게 안정적인 수익을 제공하고 있다. 또한, IPTV가 구축한 VOD 생태계와 시청 행태는 현재의 OTT 시장이 성장할 수 있는 중요한 토양이 되었다고 평가할 수 있다.

---

14. 대표적으로 영화 〈바람〉이 있다.

3. IPTV의 한계

미디어 시장 환경변화에 따른 한계

방송미디어 산업은 지금까지 4차에 걸친 혁명적 변화가 있었으며, 2025년 현재 4차 혁명·혁신기에 진입하고 있고, 미디어·콘텐츠 관점에서는 '전송-제공-제작'의 경계 소멸 및 무한 확장의 양상으로 변화·진화하고 있다.

시대적으로 보면 미디어의 1차 혁명은 마르코니의 무선 전신기술이 등장하면서 이루어졌고, 전기통신 기술에 따라 TV와 라디오 등 시청각 미디어가 등장했다.

이후 1990년대 후반 인터넷이 빠르게 보급되면서 2차 혁명기로 진입하였다. 미디어의 2차 혁명이 갖는 의미는 콘텐츠 전송수단의 무한 확장과 함께 콘텐츠 전송 독점, 즉, 기존 폐쇄형 방송사업자의 네트워크 독점에 의한 전송 독점이 해체되었고, 나아가 콘텐츠 유형

구분	1차 혁명	2차 혁명	3차 혁명	4차 혁명
기술적 배경	전기통신 기술	인터넷	디지털 플랫폼	AI
주요 매체	라디오, TV	인터넷미디어, VOD, IPTV	VSP 등 디지털 미디어 플랫폼	생성형 AI
특징	- 시청각 미디어 - 단방향성 - 공급자 중심	- 콘텐츠 전송 수단의 무한 확장 - 콘텐츠 전송 독점의 해체 - 콘텐츠 유형 및 공간의 해체	- 콘텐츠 제공 수단의 무한 확장 - 채널 독점의 해체 - 레거시 방송의 해체	- 콘텐츠 제작 수단의 무한 확장 - 제작 독점의 해체 - 미디어의 해체
주요 플레이어	방송사, 제조사	방송사, ISP, 제조사	플랫폼 사업자, CP, 이용자	AI, 데이터, 플랫폼 사업자
정책접근	공적수탁, 영향력, 편성력	경쟁촉진, 편성력, 다양성	독과점, 편성력, 영향력	영향력, 독과점

자료 : 이종관(2025)에서 수정 인용

이 다양화되고 공간의 제약이 사라지게 되었다는 점이다. 우리나라의 경우 VOD의 등장, 인터넷 미디어의 확산과 IPTV의 도입 능이 대표적 사례이다.

3차 혁명은 2000년대 후반부터 시작되었는데, 디지털 플랫폼의 보편화로 인해 유튜브와 같은 디지털 미디어 플랫폼이 등장하였다. 이는 플랫폼을 통해 콘텐츠 제공수단의 무한 확장을 가능하게 하였고, 이로 인해 누구나 방송을 할 수 있는, 즉 채널 독점이 해체되는 결과를 가져오게 되었다. 그리고 최근의 4차 혁명은 AI로 인해 나타나고 있는데, 특히 생성형 AI의 고도화는 누구나 콘텐츠를 제작할 수 있는 환경을 만들게 되었고, 이는 콘텐츠 제작 수단의 무한확장 과 제작 독점의 해체를 가져오고 있으며, 궁극적으로는 전통적 미디 어 개념의 해체까지도 예상된다.

국내 미디어 시장의 환경변화 요인은 외적 요인과 내적 요인으로 구분할 수 있다. 우선 외적 요인으로는 첫째, ICT 기반의 비정형 사 회가 도래했다는 점이다. ICT 기술의 빠른 발전으로 플랫폼 경제의 시대를 넘어 AI로 확장하고 있고, 이에 따른 연결성이 심화되고 데 이터 중심 사회로 이전되고 있다. 이는 결과적으로 정형화된 노동의 파괴[15]와 함께 라이프 스타일의 비정형화를 가져오게 되었다. 이는 미디어 관점에서 보면 기존 매스(mass) 미디어 체계의 근본적 해체 를 가져오게 되었다.

둘째, 탈경계와 글로벌-로컬 시장의 경쟁이 확장되고 있는데, 이 로 인해 글로벌 미디어 플랫폼이 국내 시장에서 그 규모와 영향력 을 확장하고 있으며, 미디어의 탈경계 현상이 심화되고 있다. 이는 결국 국내 문화나 미디어의 정체성이 약화시키고, 국내 사업자들이 글로벌 사업자들에 비해 규모의 경제 등 경쟁에서 열위에 놓이게

---

15. 과거에는 정형화된 생활시간, 즉 근로시간과 여가시간, 수면시간 등이 일정한 패턴을 보 였으나, 최근에는 이러한 근로, 생활시간이 비정형화되고 있다.

출처: 방송통신위원회, 2024 방송매체 이용행태 조사 보고서, 45쪽

하며, 이로 인해 국내 시장이 글로벌 사업자에게 잠식되는 양상을 나타내고 있다.

셋째, 인구 및 소득구조의 거시적 변화가 일어나고 있다는 점이다. 저출산-저성장 구조로 대표되는 뉴노멀(New Normal) 시대로 진입하였고 이는 미디어의 매스(mass)형 소비 및 성장의 한계를 가져오게 되었으며, 특히 매스 미디어의 성격을 가진 레거시 미디어가 위축되는 배경이 되었다.(〈그림 11〉 참조)

한편, 국내 미디어 시장 환경변화의 내적 요인은 첫째, 글로벌 OTT가 확산되며, 국내 시장에서의 영향력이 크게 증가하고 있고, 이로 인해 글로벌 OTT에 대한 의존도(콘텐츠 제작 및 이용 의존도)가 높아지고 국내 콘텐츠 시장이 OEM 시장화되는 양상이 발생하고 있다는 점이다.

둘째, 미디어의 기능 및 가치의 재구조화가 나타나고 있는데, 매체별 사회적 및 산업적 기능과 가치가 변화하고 있다는 점이다. 이는 결국 전통적 미디어 정책 철학의 변화는 물론 기존 체제와 새로운 시장환경이 충돌·갈등하는 양상을 발생시킨다.

셋째, 경기침체 및 미디어 이용행태 변화에 따라 주요 미디어의 재원이 급감하고 있고, 이로 인해 침체된 미디어 시장에서 약탈적 경쟁은 물론 분쟁도 격화되는 모습을 보이고 있다.

문제는 IPTV가 최초 도입될 당시에는 방송·통신 융합의 총아이자 융합산업을 선도할 신규 매체로서 주목을 받았으나, 2010년대 후반부터 OTT의 빠른 확산에 따라 IPTV 역시 현재의 미디어 환경에서는 레거시 미디어로 분류되고 있다는 점이다.

이는 환경변화 측면에서 보면 두 가지의 배경이 있는데, IPTV가 TV 기반의 양방향 다채널 서비스라는 점에서 모바일 중심의 이용 환경 변화에 적극 대응하기 어려웠다는 점과, IPTV가 방송으로 구분됨에 따라 OTT 대비 매우 높은 수준의 규제를 적용받게 되어 OTT 확산에 대응한 서비스 혁신이 어려웠다는 점이다. 또한, 알뜰폰 시장의 성장과 결합상품 성장률 둔화 그리고 보다 근본적으로는 인구수 감소가 IPTV가 양적으로 성장하기 어려운 요인으로 작용하고 있다. (〈표 6〉 참조)

특히 규제 관점에서 보면 IPTV는 「인터넷멀티미디어방송사업법(IPTV법)」과 「방송법」의 규제를 받고 있으며, 진입규제, 소유규제, 채널 구성 및 약관규제, 광고규제, 내용규제, 기금 납부 의무 등의 고강도 규제를 받고 있는 반면, OTT는 부가통신사업자로서 사실상의 비(非)규제 대상이다. 이와 같은 이유로 OTT가 확산되고 있음에도, 특히 OTT가 IPTV의 VOD 시장을 빠르게 대체하고 있음에도 IPTV 사업자들이 서비스 혁신이나 차별화를 통한 대응이 어려웠던 부분이 있다.

엄밀하게 보면 OTT(SVOD)와 IPTV의 VOD 서비스는 사실상 유

<표 6> 알뜰폰의 용도별 회선 수 추이 (단위: 만 명)

구분		'20년	'21년	'22년	'23년	'24년	CAGR ('20년~'24년)
휴대폰		611 (67.0%)	609 (58.8%)	727 (56.7%)	872 (55%)	930 (54.7%)	12.6%
가입자기반 단말장치		20 (2.2%)	33 (3.2%)	43 (3.4%)	17 (1.1%)	17 (1.0%)	-5.5%
	태블릿PC	4 (0.4%)	6 (0.6%)	7 (0.6%)	8 (0.5%)	8 (0.5%)	28.9%
	웨어러블	0.3 (0.0%)	0.4 (0.0%)	1 (0.1%)	1 (0.1%)	1 (0.1%)	58.2%
	기타	16 (1.8%)	27 (2.6%)	35 (2.7%)	8 (0.5%)	8 (0.4%)	-21.1%
사물지능통신		280 (30.8%)	393 (38.0%)	512 (39.9%)	696 (43.9%)	752 (44.3%)	35.4%
	차량관제	214 (23.5%)	329 (31.8%)	456 (35.5%)	616 (38.8%)	671 (39.5%)	42.2%
	원격관제	50 (5.5%)	47 (4.6%)	39 (3.0%)	63 (3.9%)	63 (3.7%)	7.6%
	무선결제	4 (0.4%)	4 (0.4%)	4 (0.3%)	3 (0.2%)	3 (0.2%)	-5.8%
	기타사물 지능통신	12 (1.4%)	13 (1.3%)	14 (1.1%)	15 (0.9%)	15 (0.9%)	5.6%
합계		911 (100%)	1,036 (100%)	1,283 (100%)	1,585 (100%)	1,700 (100%)	20.3%

출처: 정보통신정책연구원, 통신시장 경쟁상황 평가(2024년도), 515쪽

사 또는 동일하고, 전술한 바와 같이 OTT 이용 확대의 근간이 되는
것이 IPTV의 VOD 서비스라고도 할 수 있다. 따라서 IPTV와 OTT
가 VOD 서비스에 있어서는 사실상 동일 서비스 성격으로 경쟁하

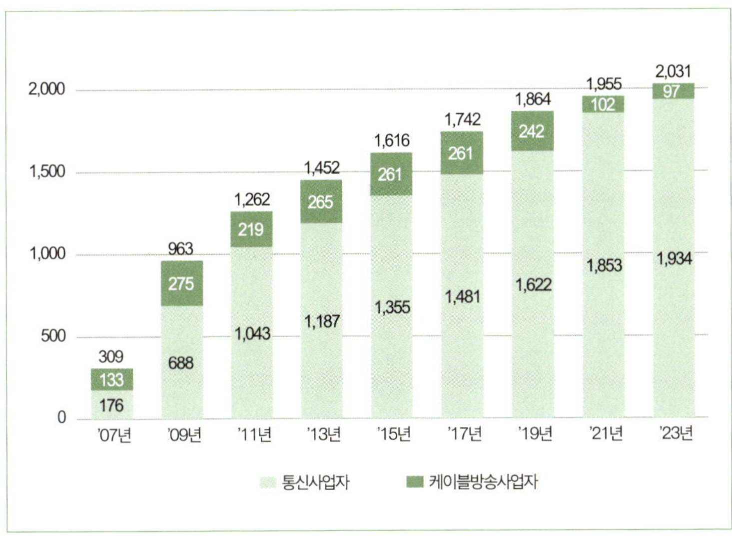

출처: 정보통신정책연구원, 통신시장 경쟁상황 평가(2024년도), 452쪽

고 있음에도 IPTV에 대한 규제로 인해 OTT로의 이용 대체를 막지 못했다고 볼 수 있다.

이와 같이 IPTV가 보유한 경쟁력이나 서비스 특성을 고려할 때, 국내 미디어 시장을 둘러싼 환경변화가 빠르고 파괴적으로 진행되었음에도 IPTV는 이러한 환경변화에 대한 대응이 어려웠다. 이것은 IPTV 사업자의 책임도 일부 있겠지만, 정책적인 측면에서 볼 때 경직적인 규제로 인해 환경변화에 대응할 수 있는 유연성이 없었다는 점이 큰 한계로 남는다.(〈표 7〉 참조)

구분	IPTV	OTT
법령	IPTV법, 방송법	전기통신사업법
진입규제	허가제	신고
소유규제	외국인 지분제한 49%	-
채널규제	의무재송신, 의무편성, 공공공익채널 등 채널 운용 규제	-
약관 및 요금규제	약관신고, 일부상품 요금승인	-
광고규제	방송법 상의 광고규제 적용	-
내용규제	방송심의 적용 대상	통신심의
기금납부 대상 여부	납부 대상 (방송매출의 1.5%)	-

국내 미디어 산업의 위축

국내 미디어 산업은 ①매체적 요인, ②경기적 요인, ③외부충격 요인을 고려할 때 구조적·체계적 위기 가능성이 상당하다고 할 수 있다. 즉, 기존 레거시 미디어의 위축을 넘어 전체 미디어 산업의 위기 가능성도 거론되고 있는 상황이다.

첫째, 매체적 요인 측면에서 미디어 산업이 위축되는 징후는 모바일과 양방향 중심, 멀티플랫포밍 행위, 플랫폼 중심의 서비스 이용 등으로 레거시 미디어에서 IP 기반 미디어로의 전환기가 도래했다는 것이다. 매체 관점에서 보면 이용 행태의 변화나 TV에서 모바일 중심으로의 이용 매체 변화는 필연적으로 레거시 미디어의 위축을 야기하게 된다. 즉, 이용을 전제로 시장이 성장하는 미디어 산업의 속성상 레거시 미디어 이용 감소는 레거시 미디어의 시장 위축으로 이어지는 것이다. 따라서 매체적 관점에서는 레거시 미디어와 신 유형 미디어 간 공진화 및 공존이 가능한 미디어 정책이 요구된다.

둘째, 경기적 요인에서는 국내 경제가 고물가·고금리 등 경기 악화 상태 지속으로 광고 수요가 감소하고, 이용자의 소득 감소로 미디어에 대한 지출이 감소하게 되어 미디어 산업이 위축되고 미디어 기업의 재정난이 심화되는 양상이 발생하는 것이다. 따라서 이러한 위축과 위기 상황을 극복하기 위해서는 세제 지원 등 투자 확대를 위한 지원과 동시에 미디어 시장에서 한계(marginal) 기업이 청산·퇴출될 수 있도록 유도하는 정책이 필요하다.

셋째, 글로벌 미디어 사업자의 경쟁 압력 심화로 국내 미디어 시장 잠식 확대, 국내 방송미디어 재원이 해외로 이탈하는 현상이 발생하는 것 역시 미디어 산업 위축을 심화시키는 원인이 되고 있다. 글로벌 미디어 기업이 막대한 자본력으로 국내 시장을 빠르게 잠식하는 것은 물론 국내에서 발생한 미디어 매출이 해외로 유출되고 있다. 반면 국내로 재투자 되는 부분은 콘텐츠 제작 정도로 협소하기 때문에 국내 미디어 재원의 유출에 따른 국내 미디어 산업의 위축 가능성이 커지는 것이다. 이에 대응하기 위해 국내 방송미디어의 투자 여력 회복, 경쟁력 강화, 글로벌 진출을 위한 보호 정책이 필요하다. 물론, 넷플릭스, 디즈니+ 같은 글로벌 사업자와의 협업으로 국내 콘텐츠 산업의 경쟁력이 상승하고 국제적인 위상이 제고되었다는 긍정적인 측면이 있다는 것도 간과되어서는 안 될 부분이다.

이상의 구조적인 위축 요인이자 위기 징후를 세부적으로 살펴보면, 무엇보다 콘텐츠 제작비가 급등하면서 자본력이 약한 국내 미디어 기업이 어려움을 겪고 있다. 즉, 오리지널 콘텐츠 확보를 중심으로 한 글로벌 미디어 사업자의 경쟁 압력 심화로 국내 방송미디어 산업은 재투자 여력을 상실하여 사실상 성장 한계에 봉착하고 있는 것이다. 또한 장기화된 경기침체와 방송광고 등 연관 시장의 위축, 가입자 이탈, 경직된 비대칭 규제 등 열악한 대외적 환경 속에서 전개된 오리지널 콘텐츠 투자 중심의 출혈 경쟁이 규모의 경제에서 열위에 있는 국내 방송·미디어 사업자에게 더욱 심각한 타격 요인으로 작용하고 있다. 이로 인해 국내 방송사업자는 재정 악화로 콘텐츠 재투자 여력을 상실하고 플랫폼 경쟁력을 결정짓는 콘텐츠 제작 중단을 결정하는 상황이 발생하는 것이다.

나아가 국내 미디어 산업은 레거시 미디어에서 새로운 혁신형 미디어로의 세대교체 및 전환 과정에 있으나, 그 전환 과정에 경기 위축 상황이 겹쳤고, 전환 대상이 국내 사업자가 아니라 글로벌 미디어 사업자라는 점에서 위기 상황이 커지고 있다. 이러한 위기 가능

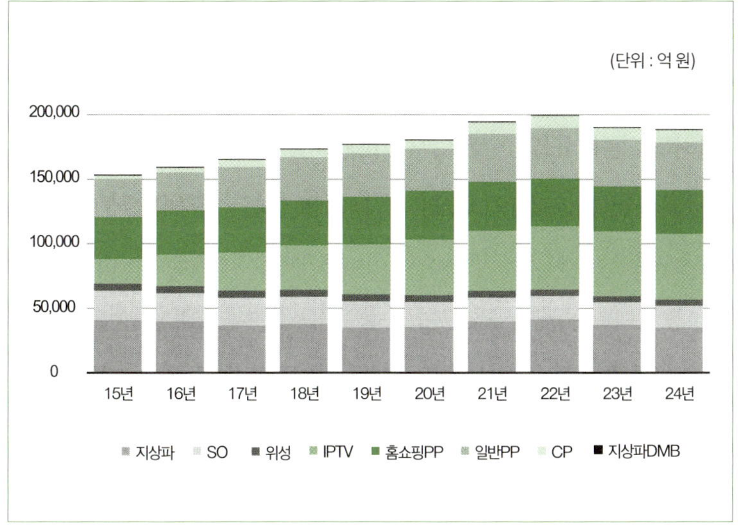

자료 : 『방송산업 실태조사』 각 호

성이 실제로 현실화된다면, 이는 구조적, 체계적 위기의 성격을 갖기 때문에 국내 미디어 산업의 회복이나 복원이 어려울 수 있다. 레거시 미디어(국내 미디어 기업)에서 혁신형 미디어(글로벌 미디어 기업)로의 전환은, 결국 국내 미디어 산업의 위축과 글로벌 미디어 기업에 대한 의존도 심화를 야기하게 되므로 궁극적으로 미디어 강국으로 칭해졌던 우리나라가 미디어 콘텐츠 이류국가, 또는 삼류국가가 될 수 있다는 우려가 대두되는 것이다.

구체적인 국내 미디어 산업의 위축 상황을 살펴보면, 우선 2024

년 국내 방송시장의 총 방송사업 매출액 규모는 전년 대비 0.9% 감소한 18조 8,042억 원이었다. 이는 2023년(18조 9,734억원, '22년 대비 4.7%↓)에 이어 2년 연속 전체 방송시장 규모가 감소한 것으로, 방송시장에 대한 통계 집계 이래 유례가 없는 상황이라고 할 수 있다. 2021년에는 코로나19 영향에 따른 미디어 이용량 증가로 지상파, 종편PP, 홈쇼핑PP, 일반PP 사업자 매출이 크게 증가하였으나, 2022년 이후부터는 매출 증가폭이 감소하거나 오히려 매출 자체가 감소하는 양상을 보이고 있다.(〈그림 13〉 참조)

2020년부터 2021년 기간에는 광고매출이 호조세를 보였으나, 2022년 이후 감소하여 2024년 광고매출은 전년대비 8.1% 감소한 2조 2,964억 원으로 급락하였다. 2024년 프로그램 판매매출(2024년 2조 196억 원)의 경우 PP(5.8%)는 소폭 증가한 반면 지상파(-10.7%)는 크게 감소하였다.

세부적으로 2024년 지상파 방송사업매출은 2023년 대비 5.4%(-2,001억 원) 감소한 3조 5,308억 원이며, 영업이익 역시 전년 대비 556억 원 감소하여 845억 원의 적자를 기록하였다. 방송사업매출은 KBS 1조 2,814억 원, SBS 7,273억 원, MBC 7,220억 원, EBS 2,091억 원, 지역민방 2,249억 원, 지역MBC 2,116억 원을 기록하였다. 전년대비 방송사업매출 증감율은 KBS -6.4%, SBS -11.2%, MBC -1.1%, 지역MBC 0.2%, EBS 10.5%, 지역민방 -7.4%로써 지

자료 : 방송통신위원회, 『2023년 방송시장경쟁상황평가』

역MBC와 EBS를 제외하고는 모두 감소세가 유지되었다. 지상파 3사 모두 광고매출 감소가 실적 악화의 수된 요인이었으며, 이 외에 KBS는 수신료매출 감소가, SBS는 프로그램 판매매출 감소가 각 실적악화에 추가적인 영향을 미친 것으로 판단된다. 한편, 지상파 방송사의 영업이익은 MBC가 65억 원의 흑자를 기록한 반면, KBS(-881억 원), SBS(-259억 원), EBS(-0.6억 원), 지역MBC(-436억 원), 지역민방(-70억 원)은 적자전환 또는 적자상태가 유지되고 있다. 지상파 방송 위축의 본질적 원인은 지상파 방송 시청 및 이용 하락이라

고 볼 수 있으며 지상파 방송의 TV 시청시간은 '14년 96분에서 '23
년 51분으로 지속 감소하였고, 이러한 추세가 지속되고 있다는 것
이 가장 심각한 문제라고 할 수 있다.(〈그림 14〉 참조)

한편 국내 유료방송 시장 역시 위축 상황을 벗어나지 못하고 있
다. 2024년 유료방송 플랫폼의 경우, IPTV의 방송사업매출은 전년
대비 1.4% 증가한 5조 783억 원이었으나, 케이블TV SO와 위성방
송은 각각 2.9%, 3.6% 감소하여 1조 6,835억 원과 4,742억 원을 기
록하였다. 전술한 바와 같이 유료방송 시장의 포화, OTT 및 글로벌
미디어 사업자의 경쟁압력 증가 등의 요인으로 국내 유료방송 시장
의 성장동력이 크게 약화된 상태이다. 국내 유료방송 방송사업매출
액은 2018년 5조 6,312억 원에서 2024년 7조 2,360억 원으로 증
가한 가운데, 전년대비 성장률은 지속적으로 감소(2018년 8.0% →
2019년 5.7% → 2020년 5.0% → 2021년 3.9% → 2022년 2.7% → 2023년
0.4% → 2024년 0.05%)하고 있는 상황이다. 가입자 수 역시 유료방송
가입자 포화 및 코드커팅이 현실화되면서 2024년 유료방송 가입자
성장률이 감소세로 전환되었고(-0.1%), 방송사업자의 수신료 매출
이 전체 방송사업매출에서 차지하는 비중도 지속적으로 감소하고
있다. 2024년 말 기준 국내 유료방송시장 가입자 수는 3,636만 명
으로 전년 대비 사상 최초로 가입자 수가 0.1% 감소하였다.

전체적으로 국내 미디어 산업이 위축되고 있는 상황에서 그나

마 IPTV의 방송사업매출만 소폭(1.4%) 증가하였다. 이러한 상황은, IPTV가 국내 레거시 미디어 산업의 심각한 위축을 막아내는 역할을 수행하고 있음을 시사한다. IPTV 역시 가입자 수 증가폭이 크게 감소하여 사실상 추가 순증은 거의 이루어지지 않고 있다. 따라서 향후 IPTV 역시 시장 전망은 긍정적이지 않다. IPTV가 국내 미디어 산업에서 핵심적인 위상을 갖고 있는 상황에서 현재의 미디어 산업 위축기에 IPTV의 역할이 더욱 중요하다고 하겠다. 특히 IPTV가 단순히 유료방송 서비스를 제공하는 것을 넘어 콘텐츠에 대한 투자 및 신규 서비스 도입 등의 역할을 통해 국내 미디어 산업의 위축을 막아내야 한다.

시사점

전술한 바와 같이 IPTV는 방송·통신 융합을 선노하는 혁신 융합 서비스로 시장에 진입하였고, 국내 유료방송 산업의 규모 확대는 물론 양방향 서비스(VOD, 부가서비스 등) 활성화의 기초를 닦았다. 또한 국내 콘텐츠 산업의 양적·질적 성장과 발전에도 크게 기여했다. 그러나 OTT와 AI로 대표되는 미디어 시장 환경 변화에 따라 성장세가 크게 둔화되었고, 우리나라 미디어 산업 전반에 위기론이 대두되고 있다. 보다 엄밀하게 말하면 국내 미디어 산업 전체가 위축되고 있는 것은 아니며, 산업 전반은 성장하고 있으나 레거시 미디어를 중심으로 한 위축 현상이 나타나고 있는 것이다. 이러한 레거시 미디어는 곧 국내 미디어 사업자를 의미한다.

즉, 국내 미디어 산업에서 국내 미디어 기업은 어려운 상황이나, 글로벌 미디어 기업은 오히려 사업이나 매출이 확대되고 있는 것이다. 국내 미디어 산업 위기의 심각성은 외형적으로는 미디어 산업 전반이 성장하고 K-컬처로 대표되는 한국 콘텐츠의 위상이 높아지고 있는 것처럼 보이지만, 실제로는 국내 미디어 기업과 사업자의 콘텐츠 제작 투자 및 편수가 급감하고 있다는 점에서 드러난다. 따라서 국내 미디어 산업의 외형이나 K-컬쳐 확대에 매몰될 것이 아니라, 국내 미디어 산업의 근간을 이루는 IPTV나 유료방송 플랫폼 사업자, 지상파 및 종편, MPP 등과 같은 콘텐츠 사업자의 위축에 경각심을 갖고 대응할 필요가 있는 것이다.

IPTV는 TV 기반 양방향 서비스를 보편화시키고 양방향 미디어 이용을 주요 이용 행태로 안착시킨 매체다. IPTV를 필두로 VOD 시장이 폭발적으로 성장했고, 우리나라 이용자들의 VOD 이용을 친숙하게 만들었다. 이후 등장한 SVOD 형태의 OTT 서비스는 TV와 모바일이라는 이용 단말의 차이만 있었을 뿐 제공되는 콘텐츠나 이용 행태는 사실상 동일했다. 즉, IPTV는 양방향 서비스 이용 행태의 보편화라는 측면에서 오히려 경쟁 서비스였던 OTT가 활성화될 수 있었던 토대를 제공한 것이다.

그러나 2016년 넷플릭스가 국내 시장에서 서비스를 개시한 이후 국내 미디어 시장의 경쟁 상황이 급격하게 변화하기 시작했다. IPTV의 VOD 이용이 OTT로 대체되면서 VOD 매출이 급감하기 시작했고, IPTV의 국내 미디어 플랫폼 주도권이 OTT로 넘어가기 시작했다. 그럼에도 비(非)규제 대상인 OTT에 비해 높은 수준의 규제가 적용되는 IPTV는 새로운 서비스 출시나 혁신에 제한이 있었고, 이러한 비대칭 규제에 의한 서비스 경쟁력 격차는 현재까지도 지속되고 있는 상황이다. 따라서 이미 위축되기 시작한 국내 유료방송이나 IPTV의 경쟁력 제고를 위해서는 지금이라도 이러한 비대칭 규제 상황을 해소할 필요성이 있다.

현재 국내 미디어 산업에서 특히 레거시 미디어의 위축을 부분적으로나마 막아내고 있는 매체가 IPTV라고 할 수 있는데, 만약 이런 상황에서 IPTV 마저 성장이 멈추고 위축되기 시작하면 국내 미디어 산업의 위기 발생 가능성은 더욱 커질 것이다. 따라서 국내 미디어 산업의 활성화와 재도약을 위해서는 몇 가지 정책 방향에 대한 고민이 필요하다.

첫째, IPTV를 필두로 한 국내 레거시 미디어 전반에 대한 규제 혁파가 필요하다. 단순히 효과성 낮은 규제를 완화하는 것으로는 현재의 구조적인 위축 상황을 타개하기 어렵다. 따라서 규제를 폐지하는 수준의 규제 혁파를 통해 OTT와의 규제 비대칭성을 해소하고, 혁신 유인을 제공해야만 국내 미디어 사업자의 자발적 혁신이 이루어질 수 있을 것이다.

둘째, AI를 활용한 새로운 미디어 서비스 및 콘텐츠 개발·제작에 적극적인 투자가 이루어져야 할 것이다. AI는 미디어 산업뿐만 아니라 전(全) 산업 영역에서 필수적인 요소로 활용될 것으로 예상된다. 이러한 상황에서 IPTV를 비롯한 미디어 플랫폼은 AI를 활용한 서비스 최적화와 맞춤형 미디어 서비스 제공을 위해 다양한 기술 및 서비스 개발을 추진해야 하며, 콘텐츠 사업자 역시 AI를 통해 다양하고 창의적인 콘텐츠를 제작·유통할 수 있도록 정책적·재정적 지원이 뒷받침되어야 한다.

셋째, IPTV는 물론 레거시 미디어에 대한 세제 혜택 등을 통한 투자 지원과 부담 경감이 필요하다. 국내 미디어 재원이 축소되거나 해외로 유출되고 있는 상황에서 국내 미디어 산업에 대한 투자 재원이 유입되어 축적 및 선순환될 수 있도록 해야 할 필요가 있다. 이를 위해서는 세제 혜택을 통해 실질 투자 수익률을 높임으로써 시장 또는 금융 자본이 미디어 산업의 투자 재원으로 유입될 수 있도록 할 필요가 있으며, 정부 주도로 대규모 제작 투자 및 R&D 펀드를 조성하여 자본 경쟁력에서 글로벌 사업자에 비해 열위에 있는 IPTV와 국내 레거시 미디어 기업의 투자 재원을 지원·충당할 필요도 있다. 또한 부담금이자 준조세적 성격이 있는 방송발전기금 부담을 경감하여 시장 위축 국면에서의 재원 부족과 납부 부담을 완화해 주는 것이 바람직하다.

한편, IPTV 사업자들 역시 스스로 서비스 경쟁력 제고 및 차별화, 혁신적 서비스·콘텐츠 제공을 위해 노력해야 할 것이다. 이를 통해 미디어 서비스와 콘텐츠를 활용한 다양한 부가서비스 및 수익원 개발이 필요하다. 예컨대 AI 기반의 로컬 커머스 서비스, AI 기반의 맞춤형 교육·학습 콘텐츠 제공 서비스 등과 같은 새로운 서비스 개발을 위해 노력해야 할 것이다. 또한 콘텐츠 제작이나 유통에 있어서도 대규모 글로벌 미디어 기업과 경쟁하기 위해서는 현재 IPTV 3사가 협력하여 조인트벤처(Joint Venture) 형식의 제작 또는 유통회사를 설립하는 방안 등도 고민해 볼 수 있을 것이다. 즉, 대형 글로벌 미디어 기업에 대응하기 위해 국내 사업자들 스스로 규모 및 범위의 경제를 키울 수 있는 전략 마련이 필요하다. 현재까지는 IPTV 3사 간에 경쟁하고, 케이블TV와 경쟁을 했다면 앞으로는 IPTV 3사가 협력하여 글로벌 미디어 기업과 경쟁하는 새로운 경쟁 전략의 모색과 경쟁 방식의 전환이 필요한 것이다.

IV.
유료방송 정책이 IPTV에 미친 영향

1. 국내 유료방송 규제의 현황

유료방송 산업은 진입, 시장 점유율, 소유·겸영, 가격, 프로그램 편성, 영업활동 등 다양한 분야에서 규제를 받는 대표적인 규제산업이다. 지상파 방송과 달리 광고뿐만 아니라 시청자로부터 수신료 등 직접적인 대가를 받는 이중 수익 구조를 지니고 있으며, 민간 자본에 기반한 망과 설비를 활용해 이윤을 추구한다는 점에서 공공성과 상업성이 복합적으로 작동하는 산업이다. 지상파 방송에 비해 공공성 측면에서는 상대적으로 약하지만, 여론 형성 등 사회적 영향력을 고려할 때 유료방송 역시 방송의 공익성과 책임성이라는 정책 목표를 결코 간과할 수 없다.

현재 국내 유료방송 시장은 「방송법」과 「인터넷멀티미디어방송사업법(IPTV법)」이라는 두 개의 법률에 의해 이중적으로 규율되고 있다. 2009년 IPTV 서비스가 시작되면서 기존 종합유선방송이나 위성방송과는 별도의 법적 틀을 적용받게 되었고, 이로 인해 유료방송 사업자 간 동일한 서비스에 대해 상이한 규제를 적용하는 이른바 '비대칭 규제' 문제가 지속적으로 제기되어 왔다.[16] 더불어, 범용 인터넷망을 기반으로 하는 OTT 서비스가 본격적인 상업서비스로 자리 잡으면서 유료방송 시장의 경쟁 구도는 더욱 복잡하고 다층적인 구조로 전환되고 있다.

OTT는 「전기통신사업법」 상 부가통신사업자로 분류되어 상대적으로 낮은 수준의 규제만을 적용받고 있으며, 외국방송 송출이나 광고 심의 등 기존 방송법상 규제를 사실상 우회하고 있는 실정이다. 예컨대, 일부 OTT는 기존 유료방송에서는 허용되지 않는 외국방송 채널을 자유롭게 송출하거나, 기존 실시간 방송과는 다른 방식의 광고를 제공하여 방송광고 심의를 회피하고 있다. 또한 OTT는 경쟁상황평가나 이용약관 신고 등 유료방송사업자에게는 필수적인 절차에서도 제외되어 있어, 이용자 보호 측면에서도 규제 사각지대에 놓여 있다는 비판이 제기되고 있다.

이처럼 플랫폼 간 규제의 불균형은 유료방송 시장 내 공정 경쟁을 저해할 뿐 아니라, 동일한 서비스를 제공함에도 사업자별로 상이

---

16. 정원조·정필운. (2014). 스마트 시대의 유료방송 규제 : 현황과 과제. 경제규제와 법, 7(2), p.60

<표 8> 유료방송 규제 개요

구분 (근거법령)		케이블TV SO (방송법)	위성방송 (방송법)	IPTV (IPTV법)	PP (방송법·IPTV법)	
					종편·보도, 홈쇼핑	일반
경제적 규제	진입규제	허가 (지역사업권)	허가 (전국사업권)	허가 (전국사업권)	승인	등록
	시장 점유율 (소유/겸영) 규제	유료방송 전체 가입자 1/3 초과 금지			전체 매출액 33% 초과금지 (홈쇼핑 제외)	
	요금규제	승인(요금상한)		승인 (요금정액)	-	-
	금지행위	O	O	O	O	O
사회적 규제	채널편성 운용규제	19개	18개	15개	-	-
		-지상파(2개) -종편(4개) -보도(2개) -공공(3개) -종교(3개) -장애인(1개) -공익(3개) -지역(1개)	-지상파(2개) -종편(4개) -보도(2개) -공공(3개) -종교(3개) -장애인(1개) -공익(3개)	-지상파(2개) -종편(4개) -보도(2개) -공공(3개) -종교(3개) -장애인(1개)		
	내용 규제 · 방송 내용	O	O	O	O	-
	내용 규제 · 광고 내용	O	O	O	O	O

출처: 노창희(2024), 유료방송 단체계약 제도 개선에 관한 연구,
방송통신융합 정책연구, 방송통신위원회, 4쪽

한 법적 의무를 부과함으로써 제도적 정합성을 저해하는 결과를 초래하고 있다. 그럼에도 불구하고, 현행 방송법제는 이러한 시장 변화에 충분히 대응하지 못한 채 아날로그 시대의 규제 틀에 기반하여 운용되고 있으며, 유료방송 특성에 부합하는 정책 체계로의 전환이 지연되고 있는 실정이다.

특히, 유료방송 인허가 제도를 비롯한 경직된 규제 구조는 사업자의 자율성과 시장 내 혁신을 제약하는 요인으로 작용하고 있다. 이와 관련하여, 유료방송 규제를 경제적 규제와 사회적 규제로 구분하여 체계적으로 접근할 필요가 있다. 경제적 규제에는 진입규제, 시장 점유율 규제, 요금 규제, 금지행위 규제 등이 포함되며, 사회적 규제로는 채널 편성 및 운용에 대한 규제, 내용 규제 등이 있다. 이는 유료방송 산업이 다양한 영역에 걸쳐 촘촘하게 규제되고 있음을 보여준다.

방송 경쟁환경의
현황 및 한계점

유료방송 진입규제

대한민국의 유료방송 산업은 현재 「방송법」과 「인터넷멀티미디어방송사업법(IPTV법)」이라는 두 개의 기본법을 중심으로 이원화된 규제체계를 따르고 있다. 여기에 더해, OTT는 「전기통신사업법」에 따라 부가통신사업자로 분류되어 별도의 신고제로 운영되는 등, 플랫폼 유형에 따라 각기 상이한 규제가 적용되고 있는 실정이다.

이로 인해, 사업자 진입규제에 있어서 제도적 불균형이 존재한다. 「인터넷멀티미디어방송사업법」은 프로그램 공급사업자(PP)를 등록제로 관리하고 있으며, OTT 등 부가통신사업자는 비교적 간소한 신고 절차만 거치면 서비스 제공이 가능하다. 반면 「방송법」은 종합유선방송, 위성방송 등 플랫폼 사업자뿐 아니라 TV방송채널사용사업자, 데이터방송채널사용사업자 등에게도 등록제를 적용해왔다.

특히 VOD, 데이터방송, 라디오 등 비실시간 콘텐츠 제공자도 동일하게 등록 대상으로 분류되어, 유사한 서비스를 제공함에도 플랫폼 유형에 따라 진입 절차와 규제 강도가 달라지는 문제가 발생했다.

이러한 비대칭 규제에 대한 문제가 꾸준히 제기되어 왔으며, 정부는 2024~2025년을 기점으로 관련 규제의 합리화를 추진했다. 그 결과 2025년 4월 22일부터 데이터, VOD, 라디오 등 비실시간 방송채널사용사업자는 등록제에서 신고제로 전환되었으며, 이는 '동일 서비스에는 동일 규제를 적용해야 한다'는 산업계의 요구를 일정 부분 반영한 조치로 평가된다. 다만 TV 기반의 일반 PP는 여전히 등록제 체계를 유지하고 있다. 이러한 규제 유연화는 유료방송 산업의 진입장벽을 낮추고, 콘텐츠 산업의 창의성과 경쟁력을 제고하는 계기가 되고 있다.[17]

또한, 과거에는 플랫폼 사업자에게 부여되는 사업 허가의 유효기간 역시 법령에 따라 상이하게 적용되었다. 「방송법」은 종합유선방송사업자와 위성방송사업자에게 7년의 허가 유효기간을 부여한 반면, 「인터넷멀티미디어방송사업법」은 IPTV 사업자에게 5년의 유효기간을 적용했다. 이와 같은 이원화에 대해 비합리적이라는 비판이

---

17. 과학기술정보통신부(2024.10.22.) 방송채널사용사업, 등록서 신고제로 전환…진입규제 완화 〈대한민국 정책브리핑〉

제기되면서, 2023년 이후 모든 플랫폼 사업자의 허가 유효기간을 7년으로 일원화하는 제도 개선이 이루어졌다. 이에 따라 케이블TV, 위성방송, IPTV 등 모든 유료방송 플랫폼 사업자는 동일하게 7년 주기로 허가를 갱신하고 있다.[18] 다만 OTT와 같이 신고제로 운영되는 부가통신사업자는 허가 유효기간의 적용 대상이 아니다.

방송 플랫폼별 사업권역에 관한 규정도 중요한 차이점으로 지적된다. IPTV, 위성방송, OTT는 전국 단위의 사업권을 부여받아 전국 어디에서든 서비스를 제공할 수 있는 반면, 종합유선방송사업자(SO)는 78개 지역 권역별로 구분된 사업권을 부여받고 있다. 이로 인해 SO는 각 권역 내에서 일정 부분 독점적인 지위를 보장받는 구조를 유지하고 있다. 이러한 지역 기반의 독점 구조는 과거 케이블TV 중심의 법제와 지역 정보 제공이라는 정책적 배경에서 비롯된 것이지만, 현재와 같이 전국 단위 플랫폼(IPTV, OTT 등)과의 경쟁이 심화된 상황에서는 제도 개편의 필요성이 지속적으로 제기되고 있다. 특히 전국 사업권이 도입될 경우, 대규모 MSO(복수종합유선방송사업자)에게는 기회 요인이 될 수 있으나, 지역 기반의 중소 SO에게는 대형 플랫폼과의 경쟁 심화로 인한 생존 위협으로 작용할 수 있

---

18. 과학기술정보통신부(2022.08.09.) 유료방송사업 허가·홈쇼핑채널 승인 유효기간 5년에서 7년으로 확대, 소유·겸영 규제 크게 개선. 보도자료

다는 점에서 신중한 정책적 고려가 필요하다.

이처럼 유료방송 산업의 규제체계는 최근 일원화 및 완화의 방향으로 점진적인 변화가 이루어지고 있으나, 제도 개편의 과정에서 중소사업자의 보호와 지역사회 균형 발전이라는 공익적 가치 또한 함께 고려되어야 한다. 궁극적으로는 '동일 서비스에는 동일 규제를 적용한다'는 원칙 하에, 사업자 간 형평성과 사회적 안전장치를 확보하는 균형 잡힌 규제 설계가 요구된다.

유료방송 시장점유율 규제

유료방송 시장에서는 특정 플랫폼 사업자가 전체 가입자의 3분의 1을 초과하여 서비스를 제공하지 못하도록 하는 시장점유율 상한 규제가 적용되고 있다(「방송법」 제8조 제16항, 「인터넷멀티미디어방송사업법」 제13조). 다만 2018년 6월, 시장점유율 산정 시 이종 플랫폼의 가입자까지 합산하는 특수관계자 '합산규제'와 위성방송 점유율 제한 규정이 일몰됨에 따라, 현재는 케이블TV와 IPTV 등 동종 플랫폼별 가입자만을 기준으로 점유율을 계산하여 상한을 적용하는 구조로 변화했다.[19]

이 규제는 경쟁의 결과물인 시장점유율에 상한선을 직접 설정함으로써 사실상 소유규제와 기업결합 규제의 기능을 수행해 왔다. 특히 합산규제가 존재하던 시기에는 서로 다른 플랫폼 간 인수·합병 (M&A) 시도를 제한하는 효과가 강하게 작용했으며, 이에 따라 사업 자·정책당국·학계 사이에서 규제의 필요성과 방식에 대한 논쟁이 지속되어 왔다.

시장점유율 규제의 정책적 목적은 일반 경쟁법상 시장지배력 남 용 방지보다는 채널 구성의 다양성 보호와 중소 프로그램공급사업 자(PP) 생태계 유지에 있다. 플랫폼 사업자는 직접 콘텐츠를 제작하 지 않더라도 채널 거래시장에서 송출 여부, 채널 번호, 상품 구성 등 을 결정할 수 있는 막강한 영향력을 갖기 때문에, 사업자 규모가 지 나치게 확대될 경우 협상력이 약한 PP의 생존 기반이 약화될 우려 가 존재한다. 이러한 맥락에서 PP가 시장에서 생존할 수 있는 최소 한의 경쟁 여건을 보장하기 위한 플랫폼 규모 제한이 규제 근거로 활용되어 왔다.

그러나 우리나라의 시장점유율 상한(전체 가입자의 1/3)이 어떻게 산정되었는지에 대해서는 명확한 이론적 근거나 분석을 찾기 어려 운 상황이다. 더욱이 디지털 중심 매체 소비 환경으로 인해 유료방 송 플랫폼의 독점적 영향력이 과거에 비해 약화된 상황에서, 전통

---

19. 김정현, 홍대식. (2020). 유료방송시장 경쟁규제의 주요 쟁점 및 개선방안. 언론과법,
  19(2), 163-196. 10.26542/JML.2020.8.19.2.163 p.176

적 점유율 제한의 실효성은 점점 낮아지고 있다. 규모·범위의 경제를 통해 효율성을 제고하고 글로벌 경쟁력을 확보하려는 M&A 마저 기계적으로 제한함으로써, 규제가 초래하는 경제적 손실이 잠재적 공익보다 클 수 있다는 비판도 제기된다.

결국 현행과 같이 일률적인 점유율 상한을 적용하는 방식은 개선이 필요하다. 규제를 유지할 경우에도, 애초의 정책 목적을 명확히 한 뒤 시장지배력 남용 방지, 채널 다양성 확보 등 목표별로 적합한 보완 장치를 설계해야 하며, 사후규제나 금지행위 규제 등 시장 왜곡을 최소화하는 수단과의 결합이 요구된다.

한편, OTT가 유료방송의 실질적인 대체재로 부상함에 따라, 유료방송에 적용되고 있는 요금규제를 OTT 수준으로 완화할 필요성이 제기되고 있다. 실제로 유료 OTT 이용률이 2019년 14.9%에서

<표 9> 「방송법」 상 소유제한 규정

제8조(소유제한 등) 특정 종합유선방송사업자는 해당 사업자와 특수관계자인 다음 각 호의 방송사업자를 합산하여 종합유선방송, 위성방송, 「인터넷 멀티미디어 방송사업법」 제2조제1호에 따른 인터넷 멀티미디어 방송을 포함한 전체 유료방송사업 가입자 수의 3분의 1을 초과하여 서비스를 제공할 수 없다.

1. 종합유선방송사업자
2. 위성방송사업자
3. 「인터넷 멀티미디어 방송사업법」 제2조제5호가목에 따른 인터넷 멀티미디어 방송 제공사업자

제13조(시장점유율 제한 등) ① 특정 인터넷 멀티미디어 방송 제공사업자는 해당 사업자와 특수관계자인 다음 각 호의 방송사업자를 합산하여 인터넷 멀티미디어 방송, 종합유선방송, 위성방송을 포함한 전체 유료방송사업 가입자 수의 3분의 1을 초과하여 서비스를 제공할 수 없다.
1. 인터넷 멀티미디어 방송 제공사업자
2. 「방송법」 제2조제3호나목에 따른 종합유선방송사업자
3. 「방송법」 제2조제3호다목에 따른 위성방송사업자

2023년 57.0%로 급격히 증가[20]한 반면, 유료방송의 VOD 매출이 지속적으로 감소하고 있어 OTT가 유료방송의 실질적 대체재가 되었다고 볼 수 있다. 이처럼 유료방송사업자들이 OTT와 직접 경쟁해야 하는 환경에 직면한 상황에서, 현행 요금규제는 이들 사업자의 상품 구성 및 요금 설계의 자율성을 크게 제한하고 있는 실정이다. OTT는 요금과 관련하여 부당행위가 발생할 경우에만 공정거래위원회의 개입을 받는 등 규제 수준이 낮은 반면, 유료방송은 단순 신고의 경우에도 복잡한 절차를 거쳐야 하며, 이로 인해 신규 상품 출시까지 상당한 시간이 소요된다. 실제로 유료방송 이용약관 신고의

---

20. 방송통신위원회(2024) OTT 관련 주요 현황 및 방송시장 영향분석 결과

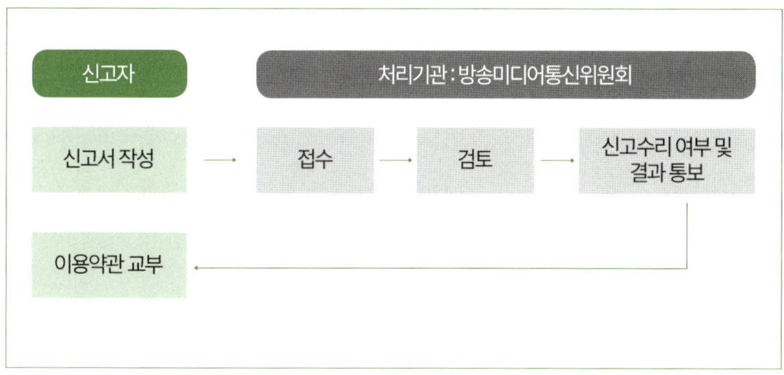

출처: 유료방송 이용약관 신고(변경신고)서

경우, 신고 접수 이후에는 7일 내에 처리가 가능하지만, 방송미디어
통신위원회와의 사전 협의가 선행되어야만 접수가 가능하므로 실
질적으로는 약 2주에서 최대 한 달가량이 소요되는 구조이다.

과거에는 유료방송사업자가 이용요금을 신설하거나 변경할 경우
과학기술정보통신부 장관의 승인을 받아야 했으나, 2022년 1월 규
제 개편을 통해 일부 이용요금을 제외하고는 원칙적으로 신고제로
전환되었다. 이에 따라 현행 담당기관인 방송미디어통신위원회는
신고된 요금의 명확성 등을 검토하여 수리 여부를 결정하도록 규정
하고 있으며, 제도는 기존의 '승인 원칙, 예외 신고'에서 '신고 원칙,
예외 승인' 체계로 개선되었다. 동시에 「유료방송 이용요금 승인·신
고와 그 절차 등에 관한 지침」을 마련하여 요금 승인 및 신고, 이용

제77조(유료방송의 이용약관 신고 등) ① 유료방송을 하려는 방송사업자·중계유선방송사업자 및 음악유선방송사업자는 이용요금·이용조건에 관한 약관(이하 "이용약관"이라 한다)을 정하여 방송미디어통신위원회에 신고하여야 하며, 신고한 이용약관을 변경하려는 경우에도 또한 같다.

② 이용약관은 다음 각 호의 요건을 모두 갖추어야 한다.

1. 이용요금을 명확하게 규정할 것

2. 제85조의2제1항제3호 및 제4호를 위반하는 내용이 없을 것

③ 방송미디어통신위원회는 제1항에 따른 이용약관의 신고 또는 변경신고를 받은 경우 그 내용을 검토하여 제2항 각 호에 따른 요건을 갖추었는지 확인한 후 해당 신고를 수리하여야 한다

④ 제1항에도 불구하고 다음 각 호의 어느 하나에 해당하는 이용요금의 경우에는 해당 이용약관에 대하여 방송미디어통신위원회의 승인을 받아야 하며, 승인을 받은 이용약관을 변경하려는 경우에도 또한 같다.

 1. 이용약관에서 정하는 최소채널상품(방송사업자·중계유선방송사업자 및 음악유선방송사업자가 제공하는 여러 개의 채널단위로 대가를 받는 유료방송상품 중 가장 낮은 요금의 상품을 말한다. 이하 같다)의 요금

 2. 방송사업자·중계유선방송사업자 및 음악유선방송사업자가 유료방송과 「전기통신사업법」 제2조제11호에 따른 기간통신역무를 제공하는 서비스를 묶어서 판매하는 상품의 요금

⑤ 방송미디어통신위원회는 제4항에 따른 이용약관의 승인 또는 변경승인을 하려는 경우에는 다음 각 혹의 기준을 충족하는지를 고려하여야 한다.

약관 신고에 필요한 절차와 기준을 제시하고 있다.[21]

그러나 여전히 사업자 입장에서는 신고가 자기완결적 신고가 아니라는 점과 최소채널상품과 결합상품에 대해서는 승인제가 유지

되었다는 점에서 실질적으로 규제가 완화되기보다는 오히려 강화
된 측면이 있다고 지적하고 있다. 이러한 문제의식에 비추어 볼 때,
급변하는 방송시장 환경에 발맞추어 유료방송 규제체계 전반에 대
한 추가적인 정비와 개선이 요구된다.

유료방송 금지행위 규제

유료방송 분야의 금지행위 규제는 「방송법」과 「인터넷멀티미디
어방송사업법」에 각각 규정되어 있으며, 두 법 모두 사업자 간의 공
정한 경쟁 또는 시청자·이용자의 이익을 저해하거나 저해할 우려
가 있는 일정한 행위를 금지하고 있다.

「방송법」 제85조의2제1항은 채널 또는 프로그램의 제공 거부 ·
중단·제한, 필수설비 접근 거부, 채널 편성 변경, 적정한 수익배분
거부·지연 등 공정경쟁저해성과 관련성이 높은 행위를 포함해 총 8
개 호, 13개 유형의 금지행위를 규정하고 있으며, 시정조치, 과징금,
자료제출 요구, 시행령 위임, 중복규제 제한 등 절차적 규정도 마련
되어 있다.

---

21. 과학기술정보통신부(2022.7.28.) 과기정통부, 유료방송 요금 승인·신고 지침 마련. 보도
    자료

「인터넷멀티미디어방송사업법」 제17조 역시 서비스 제공 거부, 우월적 지위를 이용한 부당한 계약 강요 등 유사한 규정을 두고 있으나, 「방송법」상 홈쇼핑 PP 관련 금지행위나 방송프로그램 출연자 관련 금지행위는 포함하지 않는 대신, 「방송법」에는 없는 일부 유형을 규정하고 있다. 그러나 이러한 규정 차이는 방송사업자 또는 IPTV사업자에만 적용해야 할 특별한 이유를 찾기 어렵다는 점에서, 양 법률 간 금지행위 유형의 불일치를 해소할 필요가 있다는 지적이 제기된다.

「방송법」과 「인터넷멀티미디어방송사업법」의 금지행위 규정은 각각 제정 당시의 경쟁 상황을 반영해 설계되었으나, 이후 유료방송시장의 구조 변화와 기술 발전, 사업자 간 경쟁구도의 변화에 충분히 대응하지 못하는 한계를 보인다. 특히 공정거래위원회와의 협의 과정에서 규제의 중복을 피하기 위해 시청자·이용자 이익 보호를 직접 목적으로 하는 행위 유형 위주로 규정이 설계되면서, 사업자 간 공정경쟁 보호를 직접 목적으로 하는 유형은 부족한 실정이다. 이로 인해 방송시장에서만 발생하는 특유의 경쟁 문제, 예컨대 방송통신서비스 결합판매 등 새로운 형태의 불공정거래에 제도적으로 대응하기 어려운 구조가 지속되고 있다.

따라서 유료방송시장의 경쟁 환경에 맞춰 금지행위 유형과 판단 기준을 재정비할 필요가 있다. 현재 결합판매를 통한 차별행위에 대해서만 시행령과 고시에서 판단기준을 두고 있으나, 이 역시 공정경쟁 저해효과에 관한 규정은 부재하다. 향후 결합판매 관련 규정에 공정경쟁 저해효과를 구체화하고, 방송시장의 특성을 반영한 판단기준을 정립해 사업자 간 공정경쟁을 실질적으로 보호해야 한다. 이때 방송시장은 상품시장뿐 아니라 여론시장의 성격도 지니므로, 가격 경쟁 외에도 편성권, 품질, 선택권, 지역성과 다양성 같은 비경제적 가치 역시 고려할 필요가 있다.

「방송법」상 금지행위 규제가 경쟁 보호뿐 아니라 다양성 보호라는 비경제적 가치를 포괄한다면, 방송미디어통신위원회는 방송시장 전문 규제기관으로서 공정거래위원회와 역할을 분담하며 독자적인 규제 정당성을 확보할 수 있을 것이다. 이를 위해 공정경쟁 저해성 판단 시 다양성 요소를 고려에 포함시키고, OTT 확산과 유료방송-인접시장 간 경계 약화 등 환경변화를 반영해 금지행위 유형의 타당성을 지속적으로 점검해야 한다. 나아가 사전규제 중심에서 사후규제로 규제체계를 실질적으로 전환하기 위해, 방송미디어통신위원회의 조사 역량과 심사·판단의 전문성을 강화하고, 시장 변화에 대응할 수 있는 유연한 규제 집행 체계를 구축하는 것이 요구된다.

제85조의2(금지행위) ① 방송사업자 · 중계유선방송사업자 · 음악유선방송사업자 · 전광판방송사업자 · 전송망사업자(이하 "방송사업자등"이라 한다)는 사업자 간의 공정한 경쟁 또는 시청자의 이익을 저해하거나 저해할 우려가 있는 다음 각 호의 어느 하나에 해당하는 행위(이하 "금지행위"라 한다)를 하거나 제3자로 하여금 이를 하게 하여서는 아니 된다.

1. 정당한 사유 없이 채널 · 프로그램의 제공 또는 다른 방송사업자등의 서비스 제공에 필수적인 설비에 대한 접근을 거부 · 중단 · 제한하거나 채널 편성을 변경하는 행위

2. 다른 방송사업자등에게 적정한 수익배분을 거부 · 지연 · 제한하는 행위

3. 부당하게 다른 방송사업자등의 방송시청을 방해하거나 서비스 제공계약의 체결을 방해하는 행위

4. 부당하게 시청자를 차별하여 현저하게 유리하거나 불리한 요금 또는 이용조건으로 방송 서비스를 제공하는 행위

5. 이용약관을 위반하여 방송서비스를 제공하거나 이용계약과 다른 내용으로 이용요금을 청구하는 행위

6. 방송서비스의 제공 과정에서 알게 된 시청자의 정보를 부당하게 유용하는 행위

7. 상품소개와 판매에 관한 전문편성을 하는 방송채널사용사업자가 납품업자에 대하여 방송편성을 조건으로 상품판매방송의 일자, 시각, 분량 및 제작비용을 불공정하게 결정 · 취소 또는 변경하는 행위

8. 방송사업자의 임직원 이외의 자의 요청에 의하여, 방송프로그램에 출연을 하려는 사람과 방송사업자 이외의 자 사이의 가처분 결정, 확정판결, 조정, 중재 등의 취지에 위반하여 방송프로그램 제작과 관계없는 사유로 방송프로그램에 출연을 하려는 사람을 출연하지 못하게 하는 행위

② 방송미디어통신위원회는 방송사업자등이 금지행위를 한 경우 해당 사업자에게 금지행위의 중지, 계약조항의 삭제 또는 변경, 금지행위로 인하여 시정조치를 명령받은 사실의 공표 등 필요한 시정조치를 명할 수 있다.

③ 방송미디어통신위원회는 공정거래위원회와 협의하여 방송사업자등이 금지행위를 한 경우 해당 사업자에게 대통령령으로 정하는 매출액에 100분의 2를 곱한 금액을 초과하지 아니하는 범위에서 과징금을 부과할 수 있다. 다만, 사업의 미개시나 사업 중단 등으로 인하여 매출액이 없거나 매출액 산정이 어려운 경우로서 대통령령으로 정하는 경우에는 5억원 이하의 금액을 과징금으로 부과할 수 있다.

④ 방송미디어통신위원회는 금지행위의 위반 여부에 관한 사실관계의 조사를 위하여 필요한 경우 대통령령으로 정하는 바에 따라 방송사업자등에게 자료의 제출을 요청할 수 있다.

⑤ 금지행위의 세부적인 유형 및 기준에 필요한 사항은 대통령령으로 정한다.

⑥ 제1항을 위반한 방송사업자등의 행위에 대하여 방송미디어통신위원회가 제2항에 따라 시정조치를 명하였거나 제3항에 따라 과징금을 부과한 경우에는 그 방송사업자등의 동일한 행위에 대하여 동일한 사유로「독점규제 및 공정거래에 관한 법률」및「대규모유통업에서의 거래 공정화에 관한 법률」에 따른 시정조치를 명하거나 과징금을 부과할 수 없다.

제17조(금지행위) ① 인터넷 멀티미디어 방송 제공사업자는 사업자 간의 공정한 경쟁 또는 이용자의 이익을 저해하거나 저해할 우려가 있는 다음 각 호의 어느 하나에 해당하는 행위를 하거나 제3자로 하여금 이를 행하도록 하여서는 아니 된다.

1. 정당한 사유 없이 인터넷 멀티미디어 방송 서비스의 제공을 거부하는 행위
2. 이용약관의 내용과 다르게 인터넷 멀티미디어 방송 서비스를 제공하거나 이용계약과 다른 내용으로 이용요금을 청구하는 행위
3. 인터넷 멀티미디어 방송 서비스의 제공 과정에서 알게 된 이용자의 정보를 부당하게 유용하는 행위
4. 부당하게 이용자를 차별하여 현저하게 유리하거나 불리한 이용요금 또는 이용조건으로 인터넷 멀티미디어 방송 서비스를 제공하는 행위
5. 우월적 지위를 이용하여 인터넷 멀티미디어 방송 콘텐츠사업자에게 부당한 계약을 강요하거나 적정한 수익 배분을 거부하는 행위
6. 다른 방송사업자의 방송 시청을 부당하게 방해하거나 서비스제공계약의 체결을 방해하는 행위
7. 정당한 사유 없이 다른 방송사업자의 서비스 제공에 필수적인 전주, 관로, 통신구 등 전기통신설비의 사용 또는 접근을 거절·중단하거나 제한하는 행위

② 방송미디어통신위원회는 공정거래위원회와 협의하여 인터넷 멀티미디어 방송 제공사업자가 제1항 각 호의 어느 하나에 해당하는 행위를 하는 경우에는 해당 인터넷 멀티미디어 방송 제공사업자에게 위반행위의 내용 및 정도, 위반행위의 기간 및 횟수, 위반행위로 인하여 취득한 이익의 규모 등을 고려하여 매출액 100분의 2 이하에서 대통령령으로 정하는 과징금을 부과할 수 있다. 다만, 매출액이 없거나 매출액의 산정이 곤란한 경우로서 대통령령으로 정하는 때에는 5억원 이하의 과징금을 부과할 수 있다.

③ 방송미디어통신위원회는 제2항에 따라 과징금 부과 처분을 받은 자가 납부기한까지 과징금을 납부하지 아니한 때에는 국세 체납처분의 예에 따라 징수한다.

④ 제1항 각 호에 따른 행위의 세부적인 유형 및 기준에 필요한 사항은 대통령령으로 정한다.

3. 방송 다양성 확보의 현황 및 한계점

채널편성운용 규제

유료방송 산업은 「방송법」 제70조를 중심으로 한 통합 규제체계에 따라 운영되며, 지상파방송사업자·종합유선방송사업자(SO)·위성방송사업자는 특정 방송 분야에 편중되지 않고 채널의 다양성이 구현되도록 대통령령에서 정한 기준에 따라 채널을 구성하고 운용해야 한다. 이러한 규정은 방송의 공익성과 다양성을 보장하고, 국내 방송 콘텐츠 산업을 보호하고 육성하기 위한 제도적 장치로 작동하고 있다.

현행 「방송법」 및 관련 시행령에 따르면, 유료방송사업자(SO·위성)는 공공성을 담보하기 위해 KBS1TV와 EBS의 동시 재송신 채널을 비롯해 보도전문채널 2개 이상, 공공채널·종교채널 각 3개 이상, 장애인복지채널 1개 이상, 사회복지·과학문화진흥·교육지원

분야별 공익채널 1개 이상 등 총 19개 이상의 채널을 의무적으로 송출해야 한다.

2025년 현재 공익채널은 사회복지 분야의 육아방송·다문화TV·소상공인방송, 과학·문화진흥 분야의 아리랑TV·사이언스TV·토마토클래식, 교육지원 분야의 EBS 플러스1·EBS 플러스2·EBS 잉글리쉬가 지정되어 있다.[22] 또한 SO는 지역정보와 방송프로그램 안내 등을 송신하는 지역채널 1개를 반드시 운용해야 하며, 지역보도 외의 보도나 특정 사안에 대한 해설·논평은 금지된다. 직접 사용 채널 수는 SO의 경우 3개, 위성방송사업자의 경우 전체 운용 채널의 10%를 초과할 수 없고, 특수관계자 임대채널도 전체 채널 수의 20% 이내로 제한된다.

이와 함께 「방송법」 제71조는 국내 제작 프로그램 편성 의무를 부과한다. SO·위성·PP는 연간 전체 방송시간의 50% 이상, 지상파 PP는 60% 이상을 국내 제작물로 편성해야 하며, 영화·애니메이션·대중음악 등 장르별 국내 제작물 편성 비율도 별도로 규정되어 있다. 독립제작사 육성을 위한 외주 제작 프로그램 편성 의무도 포함된다.

---

22. 방송통신위원회(2025.02.28.) 방통위, 공익채널 9개 선정 및 장애인복지채널 1개 인정 〈보도자료〉

최근 규제 환경에서는 완화 움직임이 나타났다. 2019년 12월 JTBC·TV조선·채널A·MBN 등 종합편성채널이 의무송출 대상에서 제외되었고, 2024년에는 '전체 운용 채널 수 70개 이상' 규제가 폐지되었다.[23] SO의 지역채널 운용계획서와 SO·위성방송사의 직접사용채널 운용계획서 제출 의무도 폐지되었다.

그러나 제도 운영상 한계도 지속적으로 제기된다. 첫째, 공익채널 제도는 도입 18년이 지났음에도 불구하고 의무송출 채널이 3개에 불과한 등 형식적으로 운영되고 있어, 전체 400여 개 방송채널 중 극히 일부만이 공익성 확대에 기여하는 실정이다.

둘째, 의무편성 채널 수는 지역채널 포함 시 18~19개에 달해 OTT 확산과 경쟁 심화 상황에서 유료방송업계가 채널 감축과 자율성 확대를 요구하는 원인이 되고 있다.

셋째, KBS1TV와 EBS만이 의무재송신 대상이어서 국민의 보편적 시청권을 충분히 보장하지 못하고, KBS2TV·MBC·SBS가 재송신료 협상에서 빈번히 갈등을 빚는 구조적 요인으로 작용한다.

넷째, OTT 서비스와의 '규제 비대칭성' 문제도 심각하다. 유료방송은 허가·승인, 편성 의무 등 엄격한 사전규제를 받는 반면, OTT

---

23. 문현숙(2019.12.03.) 종편, 8년 만에 유료방송 의무편성 채널서 제외 〈한겨례〉

제70조(채널의 구성과 운용) ① 이동멀티미디어방송을 행하는 지상파방송사업자·종합유선방송사업자 및 위성방송사업자는 특정 방송분야에 편중되지 아니하고 다양성이 구현되도록 대통령령으로 정하는 바에 의하여 채널을 구성·운용하여야 한다.

② 이동멀티미디어방송을 행하는 지상파방송사업자·종합유선방송사업자 및 위성방송사업자는 대통령령으로 정하는 범위를 초과하여 방송채널을 직접 사용하거나 해당 방송사업자의 특수관계자 또는 특정 방송채널사용사업자에게 채널을 임대하여서는 아니된다.

③ 종합유선방송사업자 및 위성방송사업자(이동멀티미디어방송을 행하는 위성방송사업자는 제외한다)는 대통령령으로 정하는 바에 의하여 국가가 공공의 목적으로 이용할 수 있는 채널(이하 "공공채널"이라 한다), 종교의 선교목적을 지닌 채널 및 장애인의 복지를 위한 채널을 두어야 한다.

④ 종합유선방송사업자는 대통령령으로 정하는 바에 의하여 지역정보 및 방송프로그램안내와 공지사항등을 제작·편성 및 송신하는 지역채널을 운용하여야 한다.

⑤ 중계유선방송사업자는 방송미디어통신위원회 규칙으로 정하는 바에 의하여 방송프로그램 안내와 공지사항등을 제작·편성 및 송신하는 공지채널을 운용할 수 있다. 다만, 공지채널의 경우에는 보도·논평 또는 광고에 관한 사항은 송출할 수 없다.

⑥ 중계유선방송사업자가 운용할 수 있는 채널은 다음 각 호의 방송을 중계송신하는 채널로 한정한다. 다만, 하나의 중계유선방송사업자가 운용하는 전체 채널은 31개를 초과할 수 없으며, 녹음·녹화채널은 전체 운용채널의 5분의 1을 초과할 수 없다.

 1. 지상파방송(텔레비전방송만 해당한다)
 2. 공공채널에서 하는 방송
 3. 종교의 선교목적을 지닌 채널에서 하는 방송
 4. 장애인의 복지를 위한 채널에서 하는 방송
 5. 제8항에 따른 공익채널에서 하는 방송

　6. 국가기관·공익법인 또는 비영리법인이 하는 방송으로서 해당 방송분야의 공익성 및 사회적 필요성을 고려하여 방송미디어통신위원회가 고시하는 채널에서 하는 방송

⑦ 종합유선방송사업자 및 위성방송사업자는 방송미디어통신위원회 규칙으로 정하는 바에 의하여 시청자가 자체 제작한 방송프로그램의 방송을 요청하는 경우에는 특별한 사유가 없으면 이를 방송하여야 한다.

⑧ 종합유선방송사업자, 위성방송사업자(이동멀티미디어방송을 행하는 위성방송사업자는 제외한다)는 해당 방송분야의 공익성 및 사회적 필요성을 고려하여 방송미디어통신위원회가 고시한 방송분야에 속하는 채널(이하 "공익채널"이라 한다)을 운용하여야 한다. 이 경우 공익채널의 선정절차, 선정기준, 운용범위 그 밖의 필요한 사항은 대통령령으로 정한다.

⑨ 제4항에 따른 지역채널에서는 지역보도 외의 보도, 특정 사안에 대한 해설·논평을 금지한다. 다만, 공공채널의 보도나 해설·논평, 그 밖의 방송프로그램을 편성·송신하는 경우에는 그러하지 아니하다.

는 「전기통신사업법」상 부가통신사업자로서 사업자 신고를 하는 것 이외에는 별다른 규제를 받지 않아 경생 환경이 불균형하다. 이는 유료방송의 투자와 혁신을 위축시키고, 콘텐츠 품질 저하 우려로 이어질 수 있다.

따라서 급변하는 미디어 환경에 대응하고 공정경쟁을 확보하기 위해, 유료방송 채널편성운용 규제는 전면적인 재검토가 필요하다. 기존의 사전규제 중심에서 사후규제로 전환하고, '동일 서비스 동일 규제' 원칙에 기반한 유료방송·OTT 포괄 통합법제 도입을 검토할

필요가 있다. 또한 의무편성 범위·채널 수·적용 방식 전반에 대한 구조적 개편이 시급하다.

내용규제

우리나라의 방송 내용 규제는 방송의 자유와 독립을 보장하는 한편, 공적 책임을 강화하여 시청자의 권익 보호, 민주적 여론 형성, 국민 문화 향상에 기여하는 것을 목표로 한다. 「방송법」 제1조와 「방송심의에 관한 규정」이 그 법적 근거이며, 규제의 집행은 방송미디어통신위원회(방미통위)와 방송미디어통신심의위원회(방미심위)라는 두 합의제 행정기관이 분담한다. 방송미디어통신위원회는 정책 수립·사업자 인허가·금지행위 조사 및 제재 등 제도적 틀을 담당하고, 방송미디어통신심의위원회는 방송프로그램 및 광고 내용을 사후 심의하여 공정성·공공성·윤리성 유지 여부를 판단한다.

방송미디어통신심의위원회는 「방송미디어통신위원회설치및운영에관한법률」 제24조에 따라 방송심의에 관한 규정, 정보통신에 관한 심의규정을 제정·공표한다. 방송의 공정성 및 공공성을 심의하기 위해 방심위는 「방송법」 제33조 제1항에 의거해 방송심의에 관한 규정을 제정 공표해야 한다.

「방송법」 제33조 제2항에 따르면 심의규정에는 헌법의 기본가치,

제33조(심의규정) ① 방송미디어통신심의위원회는 방송의 공정성 및 공공성을 심의하기 위하여 방송심의에 관한 규정(이하 "審議規程"이라 한다)을 제정 · 공표하여야 한다.

② 제1항의 심의규정에는 다음 각호의 사항이 포함되어야 한다.

 1. 헌법의 민주적 기본질서의 유지와 인권존중에 관한 사항

 2. 건전한 가정생활 보호에 관한 사항

 3. 아동 및 청소년의 보호와 건전한 인격형성에 관한 사항

 4. 공중도덕과 사회윤리에 관한 사항

 5. 양성평등에 관한 사항

 6. 국제적 우의 증진에 관한 사항

 7. 장애인등 방송소외계층의 권익증진에 관한 사항

 8. 인종, 민족, 지역, 종교 등을 이유로 한 차별 금지에 관한 사항

 9. 민족문화의 창달과 민족의 주체성 함양에 관한 사항

 10. 보도 · 논평의 공정성 · 공공성에 관한 사항

 11. 언어순화에 관한 사항

 12. 자연환경 보호에 관한 사항

 13. 건전한 소비생활 및 시청자의 권익보호에 관한 사항

 14. 자살예방 및 생명존중문화 조성에 관한 사항

 15. 법령에 따라 방송광고가 금지되는 품목이나 내용에 관한 사항

 16. 방송광고 내용의 공정성 · 공익성에 관한 사항

 17. 그 밖에 이 법의 규정에 의한 방송미디어통신심의위원회의 심의업무에 관한 사항

③ 방송사업자 · 중계유선방송사업자 · 전광판방송사업자 및 외주제작사는 심의규정을 준수하여야 한다.

④ 방송사업자는 아동과 청소년을 보호하기 위하여 방송프로그램의 폭력성 및 음란성등의 유해정도, 시청자의 연령등을 고려하여 방송프로그램의 등급을 분류하고 이를 방송중에 표시하여야 한다.

아동·청소년 보호, 보도, 방송언어, 소수자 보호 및 차별금지, 소비
생활 및 방송광고 등 다양한 사항들이 포함된다.

방송 내용 규제는 프로그램의 제작·편성·방송 전 과정에 걸쳐
적용된다. 사회적 쟁점을 다룰 때 사실을 왜곡하거나 일방적 시각만
을 제시하는 것을 금지하며, 특정 정당이나 집단에 유리하거나 불리
하게 편향된 보도를 하지 못하도록 한다. 성별·연령·직업 등에 따
른 차별적 표현도 금지된다. 또한, 범죄 피해자의 신상 공개, 사망자
명예훼손, 성희롱·성차별적 대사, 청소년 시청 시간대에 과도한 폭
력 장면을 방송하는 행위는 심의 규정 위반에 해당한다. 위반 사실
이 확인되면 방심위는 행정지도(의견 제시·권고)부터 법정 제재(주의
·경고·관계자 징계·과징금)까지 단계적으로 조치를 내린다. 법정 제
재는 방송사 재허가·재승인 심사에서 감점으로 반영되어, 중대한
위반이 누적될 경우 재허가 불허 사유로 이어질 수 있다.

이처럼 내용 규제는 프로그램 기획 단계부터 편성, 방송 송출 이후까지 영향을 미치며, 방송사들은 자체 심의위원회와 사전 검토 절차를 통해 규제 위반 가능성을 최소화하려 한다. 그러나 심의 기준의 추상성과 위원 구성의 정치적 성향에 따라 동일 사안이라도 판단이 달라질 수 있다는 점에서 일관성과 예측 가능성이 떨어진다는 비판이 존재한다. 또한 OTT, 유튜브 등 온라인 플랫폼에는 동일한 규제가 적용되지 않아 '규제 사각지대'가 형성되고 있다.[24]

방송광고 규제는 상업적 표현이 방송의 공익성을 훼손하거나 시청자에게 피해를 주지 않도록 하는 것을 목적으로 한다. 과거에는 광고 유형과 시간, 횟수를 엄격히 구분하여 규제했으나, 2015년 이후 '광고총량제'로 전환되어 프로그램 시간당 총 허용 광고 시간만 규정하는 방식으로 운영된다. 그럼에도 불구하고 광고 내용에 대한 규제는 여전히 엄격하다. 모든 방송광고는 사실에 근거해야 하며, '최고', '유일'과 같은 최상급 표현은 객관적인 입증 자료를 깆추어야 한다.

또한 품목별로 제한 규정이 존재한다. 주류 광고는 건전한 사회질서를 저해하는 표현을 금지하고, 과음 경고 문구를 반드시 고지

---

24. 박지성(2025.06.04.) [기획]유료방송은 규제 덫…기울어지는 미디어 판〈매일일보〉

해야 한다. 다만, 최근에는 저도수(17도 미만) 주류에 한해 심야 예능에서 PPL을 허용하는 등 부분 완화가 이루어졌다. 의약품 광고는 효능·성능을 과장하거나 부작용을 은폐하는 표현이 금지되며, 어린이 대상 광고는 구매를 직접적으로 충동하거나 상품 소유 여부로 열등감을 유발하는 내용, 사행심을 조장하는 표현 등이 금지된다. 가상광고나 간접광고(PPL) 역시 어린이 프로그램에는 삽입할 수 없으며, 프로그램 성격에 맞는 범위 내에서만 허용된다. 방송광고 규제 위반 시에도 방송미디어통신심의위원회가 심의와 제재를 담당한다.

이러한 방송 내용과 광고 규제는 시청자 보호와 방송의 공익성을 유지하는 데 중요한 역할을 해왔으나, 오늘날 OTT와 온라인 동영상 플랫폼의 성장으로 그 실효성이 약화되고 있다. 2023년 방송광고 시장 규모는 전년 대비 19.2% 감소하여 3조 원을 밑돌았으며[25], OTT 등 디지털 광고 비중은 60.7%까지 상승했다.[26] 방송에만 적용되는 '포지티브 규제' 방식(허용되는 것만 명시)은 OTT 등 온라인 광고와의 형평성을 저해하며, PPL·가상광고 등 신유형 광고의 확산에

---

25. 정보통신정책연구원(2024) 2024년 방송산업 실태조사 주요 결과, KISDI STAT 24-19호

26. 방송통신위원회(2025.03.26.) 방통위, '24년도 방송시장경쟁상황평가 결과 발표. 보도자료.

도 규정이 충분히 대응하지 못하고 있다는 지적이 있다.

정치적 중립성 논란, 심의 기준의 추상성, 사전규제의 경직성은 방송사 제작 자유와 산업 혁신을 제약할 우려가 있다. 이에 따라 '동일 서비스 동일 규제' 원칙에 기반한 통합 규제체계, 사후 규제 중심의 운영, 심의 기준의 명확화, 정치적 독립성 강화가 향후 제도 개선의 핵심 과제로 제시된다.

V.
미디어 생태계 발전을 위한 IPTV 재구조화 방향

1. IPTV 혁신 방향

디지털 대전환과 인공지능의 진화 등 기술의 변화는 영상산업의 생산과 소비 측면에서 패러다임을 근본적으로 변화시키고 있다. 과거 전통적인 방송산업이 면허 기반의 사업자들이 독·과점하던 구조에서 안정적으로 사업을 영위해 나갔다면 지금은 유료방송, 방송 콘텐츠 사업자, OTT와 같은 디지털 기반 매체에 이르기까지 이용자들의 관심을 두고 경합하고 있다.

유료방송이 지속적으로 생존하기 위해서는 변화된 패러다임에 대응할 수 있는 전략을 수립해야 한다. 우선, AI 환경에 대응하기 위해 지능형 플랫폼으로 진화하기 위한 투자가 필요하다. 이와 관련해서는 IPTV 3사가 서비스 품질 제고를 위해 투자를 지속하고 있으며, 가시적인 성과를 거둘 수 있는 기반을 마련할 필요가 있다.

다음으로는 콘텐츠 수급/유통 방식의 개선이 필요하다. IPTV가

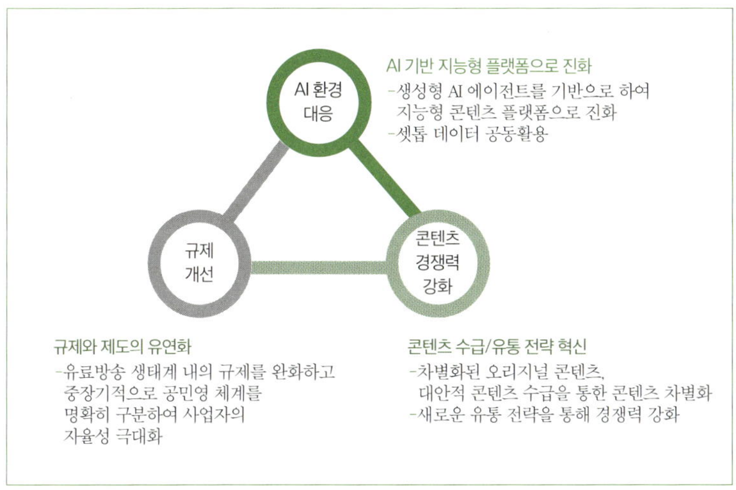

OTT와의 경쟁에서 어려움을 겪는 이유 중 하나는 자사 플랫폼에서만 유통시킬 수 있는 콘텐츠가 절대적으로 부족하다는 점이다. 유료방송 사업자의 수익성 악화와 국내의 제작비 상승 등을 감안하면 콘텐츠 수급에 많은 비용을 투자하는 것은 분명 큰 부담으로 작용할 수 있다. 하지만 차별화된 콘텐츠 수급이 수반되지 않으면 경쟁력 확보가 어렵다.

유료방송 혁신에 있어 반드시 전제되어야 할 것은 앞서 언급했던 유료방송 관련 규제 개선이다. 유료방송 규제 개선은 유료방송과 직접적으로 연관된 규제와 함께 방송산업 생태계 전반에 걸쳐 규제 완화가 필요하다. 앞서 살펴보았던 바와 같이 국내 유료방송 사업자들은 인·허가, 요금, 채널편성 규제 등 다양한 규제를 적용받고 있어 자유로운 혁신을 하는 데 한계가 있고, 이와 같은 낡은 규제가 투자 유인을 저하시키는 원인으로 작용하고 있다. 유료방송 사업자들에게 충분한 자율성을 보장하고 투자 유인을 제고하는 규제 개선이 조속히 이뤄져야 한다.

2. AI 기반 지능형 플랫폼으로의 진화

　유료방송이 디지털 기반 동영상 매체와 비교할 때 경쟁력 열위에 있는 부분 중 하나는 추천 서비스 제공 등 플랫폼 경쟁력과 관련된 부분이다. IPTV를 비롯한 국내 유료방송 플랫폼 사업자들이 가지고 있는 콘텐츠 라이브러리는 OTT와 비교할 때 양적 측면에서 그렇게 뒤처져 있다고 보기는 어렵다. 하지만 콘텐츠 추천이나 맞춤형 서비스는 동영상을 제공하는 디지털 플랫폼 서비스들보다 경생력이 상당히 떨어지는 상황이기 때문에 인공지능을 접목하여 AI 기반 지능형 플랫폼으로의 진화가 필요한 상황이다.

　OTT와 같은 디지털 동영상 미디어는 이용자와 밀접하게 연관되어 있는 스마트폰 중심으로 서비스가 이뤄지지만 유료방송은 스마트폰에 비해 이용자가 불편함을 느낄 수밖에 없는 리모컨 중심으로 이용해야 하는 등 디지털 미디어와 비교할 때 편의성이 떨어질 수

밖에 없다.

IPTV 3사는 인공지능을 접목하여 콘텐츠 추천과 생활정보 제공 등을 서비스하고 있다. KT의 경우 '지니TV'에 '지니TV AI 에이전트'를 서비스하고 있다. KT는 '지니TV AI 에이전트'를 통해 콘텐츠 검색, TV 제어, 시사/교양 정보 제공 등을 지원하고 있다(서효빈, 2025. 7. 8.; 이은주, 2025. 8. 11). SK브로드밴드는 SKT의 에이닷을 IPTV 서비스에 접목한 'AI 4 vision'을 활용해 음성 검색 서비스를 강화하고 맞춤형 콘텐츠를 제공하고 있다(배덕훈 2024. 9. 26). LG유플러스 역시 AI 기반 에이전트를 도입하여 콘텐츠 관련 정보를 제공하기 위해 UX에 투자하고 있다(이기범, 2025. 9. 28).

유료방송이 인공지능을 활용하여 시너지를 창출할 수 있는 분야가 셋톱박스 데이터 활용이다. 현재 KT, SKT, LGU+는 IPTV 3사의 데이터 공동 활용 시스템을 구축하고 있다(김광연, 2025. 5. 21). KT는 2024년 7월부터 시청데이터를 활용한 플랫폼을 운영 중인데, 해당 플랫폼을 통해 각종 이용 지표 데이터를 분석하여 편성 등 콘텐츠 전략 수립에 이용하고 있다. 아울러, AI 기술을 기반으로 실시간 콘텐츠 성공 여부를 사전에 분석할 수 있는 '시청률 예측 모델'도 개발했다(이승규, 2025. 5. 21).

IPTV 3사의 인공지능 서비스에 대한 투자, 유료방송이 보유하고 있는 이용자 관련 데이터 등을 고려할 때 유료방송이 인공지능을

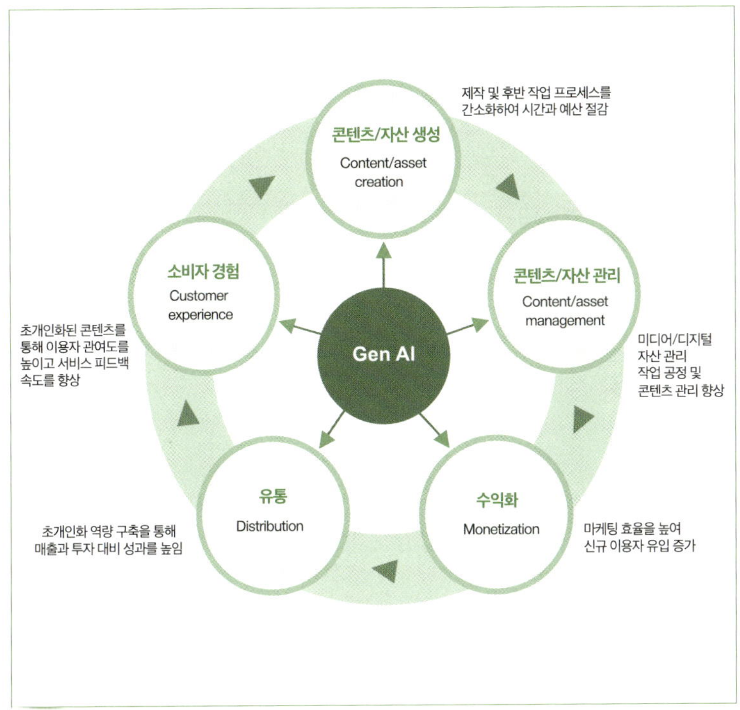

출처: World Economic Forum(2025, p. 8) 기반으로 정리

활용하여 도약할 수 있는 기반은 마련되어 있다고 할 수 있다. 문제는 유료방송이 지능형 플랫폼으로 진화해야 할 유인을 찾는 것이다. 유료방송 가입자 신규 유입이 현실적으로 어려운 상황 속에서 가입자 이탈 방지를 위해서 지능형 플랫폼으로 진화할 방향성을 모색해야 하는 것인지, 신규 가입자 유인을 위해 지능형 플랫폼으로 나아

가야 하는지에 대한 고민이 필요하다.

위에서 언급한 목적에 따라 투자의 수준이나 방향성은 달라지겠지만 기존 가입자 유지를 위해서라도 유료방송의 인공지능 환경에 대한 대응은 불가피하다. 미디어 분야에서 인공지능 활용의 가능성은 아직 예단하기 어려운 상황이지만, 제작 측면에서의 효율성 증진과 이용자의 만족도를 높이는 데 인공지능이 도움을 줄 수 있다는 사실만큼은 분명하다.

3. 콘텐츠 경쟁력 강화

유료방송의 경우 콘텐츠 경쟁력 강화는 두 가지 차원에서 이뤄질 필요가 있다. 먼저 다른 플랫폼에서는 접하기 어려운 차별적인 콘텐츠를 확보하는 것이다. 이를 위해서는 오리지널 콘텐츠나 익스클루시브 콘텐츠 확보가 필요하다.

오리지널 콘텐츠나 익스클루시브 콘텐츠는 타 플랫폼에서 제공하지 않고 유료방송사에서만 볼 수 있는 콘텐츠를 의미한다. 나른 한 차원은 자사 혹은 계열사에서 제작한 콘텐츠를 다양한 플랫폼에서 폭넓게 활용하는 것이다. OTT 플랫폼의 영향력이 커지고 있기 때문에 IPTV 사업자 입장에서는 자사 플랫폼만을 활용하여 오리지널 콘텐츠를 제공하기는 어려운 측면이 있다.

IPTV 3사는 오리지널 콘텐츠에 꾸준히 투자해 왔다. KT는 KT스튜디오지니를 통해 드라마, 예능, 숏폼 등을 제작해 왔는데, 최근 영화로 제작 영역을 확대하고 있다. KT는 2025년 9월 쇼박스와 파트너십을 체결하고 3년 동안 10편의 영화를 공동으로 투자 배급하기로 했다(윤상호, 2025. 9. 14).

SKB는 미디어에스를 통해 '채널S'의 자체 예능을 제작하고 있다. SKB의 경우, 콘텐츠 투자 규모를 줄이면서 가성비가 좋은 예능 제작에 집중하고 있다(문재호, 2025. 5. 19). 최근에도 신규 예능 〈박장대소〉를 편성한 바 있다.

LG유플러스는 'STUDIO X+U(스튜디오엑스플러스유)'를 통해 2022년부터 오리지널 콘텐츠를 제작해 왔다. 2025년에는 네이버와의 협업을 통해 네이버웹툰 IP 기반 숏드라마를 제작해 네이버TV와 '치지직'을 통해 공개할 예정이다(조민정, 2025. 9. 16). LG헬로비전은 2025년 9월부터 자사 계열 채널인 '더라이프', '더라이프2'를 포함해 몇 개의 채널에서 〈눈에 띄는 그녀들〉 시즌8을 방영하고 있다(윤상호, 2025. 9. 14).

국내 유료방송사들은 자사 오리지널 콘텐츠를 자사 플랫폼에만 배타적으로 편성하기보다 타사 방송 채널에 제공하는 등 상대적으로 폭넓게 활용해 왔다. 오리지널 콘텐츠를 자사 플랫폼 경쟁력 제고를 위해 사용한 경우가 없는 것은 아니다. KT의 경우 오리지널 콘텐츠 〈유어 아너〉를 본 방송보다 일주일 먼저 지니 TV 월정액 서비스에 공개해 가입자 수가 40% 증가하는 성과를 거두기도 했다(박수형, 2025. 4. 6).

　KT는 지니TV에서 활용했던 오리지널 콘텐츠 전략을 변경하여 OTT 등 다른 플랫폼에도 콘텐츠를 제공하는 방향으로 콘텐츠 유통 전략을 선회했다. KT는 2025년 4월부터 '어디서나 만날지니'를 통해 다양한 플랫폼에 자사 콘텐츠를 제공하겠다는 방침을 밝혔다(최진홍, 2025. 4. 6).

　국내 유료방송사들은 플랫폼에서 활용할 콘텐츠 수급과 오리지널 콘텐츠 제작을 위해 꾸준히 노력해 왔으나 콘텐츠 수급 및 유통에 있어 한계에 봉착해 있는 실정이다. 제작비 상승으로 인해 콘텐츠 수급 비용이 높아지고 있는 상황 속에서 무작정 과감하게 투자하기도 어려운 것이 현실이다. 자사 플랫폼의 경쟁력을 높이기 위해 오리지널 콘텐츠를 배타적으로 활용하는 결정도 쉽게 내리기 어렵다. 유료방송 플랫폼은 OTT와 달리 오리지널 콘텐츠에 따라 가입자가 플랫폼을 선택하는 상품도 아니기 때문이다.

　현재로서는 너무 큰 위험 부담을 지지 않으면서도 자사 플랫폼의 브랜딩에 긍정적 영향을 미치고 타 플랫폼에서도 유통할 수 있는 콘텐츠를 효율적으로 활용하는 것이 필요하다. 하지만 차별적인 콘텐츠 확보를 위한 노력은 앞으로도 지속되어야 할 것이다.

4. 유료방송 재구조화를 위한 정책 개편 방향

유료방송이 현재의 난맥상을 극복하고 지속 성장하기 위해서는 정책 개선이 선행되어야 한다. 앞서 살펴본 것처럼 국내 유료방송은 진입 규제, 채널운영 규제, 서비스 규제, 사후 규제 등 다양한 규제를 적용받고 있어 변화되는 미디어 환경에 유연하게 적응하기 어려운 상황이다.

유료방송을 포함한 국내 방송산업의 규제 지체 문제는 심각하다. 특정 산업이 환경변화에 대응하지 못할 정도로 법이나 규제가 지체되어 있는 상황을 법지체 혹은 규제지체 현상이라고 하는데, 국내 방송에 적용되고 있는 법이나 정책은 미디어 환경과의 괴리가 매우 큰 상황이다.

큰 틀에서 보면, 유료방송에 대한 규제와 관련해서는 단기적인 접근과 중장기적인 접근이 동시에 이뤄질 필요가 있다. 단기적으로는

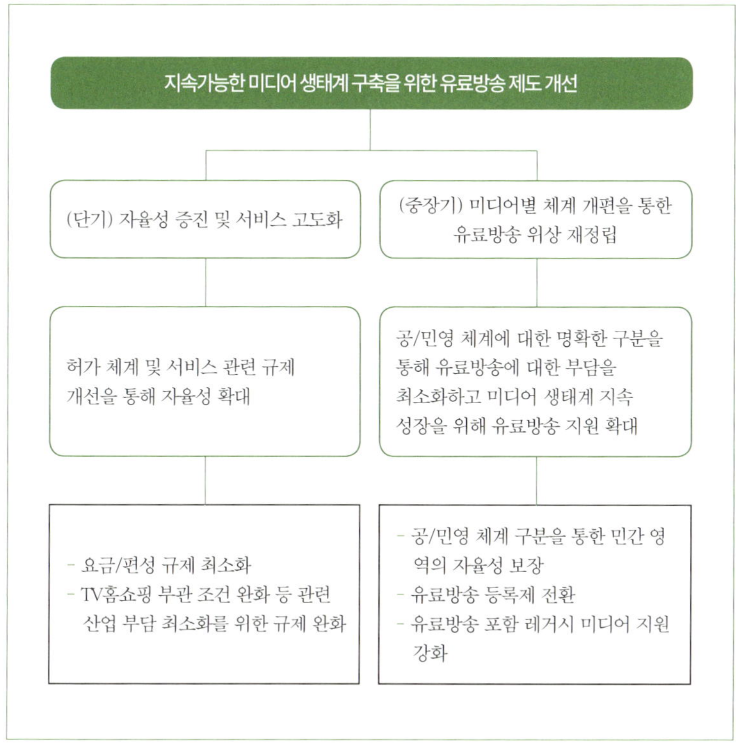

유료방송사업자들의 자율성을 증진시켜 줄 수 있는 규제 개선이 필요하다. OTT와 같은 디지털 동영상 미디어들이 인공지능 기술을 접목하여 이용자에게 최적화된 맞춤형 서비스를 하는 반면, 국내 유료방송 사업자들은 여전히 다양한 규제로 인해 신규 상품 출시에 어려움을 겪는 경우가 있다.

따라서, 단기적으로는 요금 규제, 편성 규제 등 행위 규제를 최소화하여 유료방송이 미디어 환경변화에 부합하는 혁신을 시도할 수 있는 정책 환경을 조성해야 한다. 유료방송이 디지털 미디어와의 경쟁에서 살아남기 위해서는 현재 적용받고 있는 채널 규제, 요금 규제 등을 탈피하여 자유로운 상품을 구성할 수 있는 정책적 기반 마련이 필요하다. 아울러, 유료방송과 밀접하게 연관되어 있는 TV홈쇼핑 사업자의 부관 조건 완화를 통해 관련 사업 활성화를 유도할 필요가 있다. 유료방송 생태계의 재원구조가 악화되면서 콘텐츠 대가, TV홈쇼핑 송출 수수료 등 사업자 간 B2B 거래와 관련된 갈등이 심화되고 있다. TV홈쇼핑 사업자가 부관 조건으로 받고 있는 상품 판매에 대한 제약이 완화된다면 전체 유료방송 생태계에 긍정적인 영향을 미칠 수 있다.

중·장기적으로는 전체적인 미디어법 체계 개편을 통해 유료방송의 위상을 재정립해야 한다. 유료방송은 출범 초기부터 민영미디어의 성격을 가지고 있었으나 케이블TV SO, 위성방송, IPTV 출범 당시에는 동영상 매체의 주류가 방송이었기 때문에 독과점 사업자라는 특수성을 가지고 있었다. 하지만 현재는 OTT를 비롯한 디지털 미디어 중심으로 미디어 소비가 재편되고 있어 유료방송 사업자들이 가지고 있는 면허의 가치가 과거와 비교할 때 현저히 낮아졌다고 할 수 있다.

위와 같은 상황을 고려할 때 중·장기적으로 공·민영 체계에 대한 명확한 구분을 통해 유료방송에 대한 부담을 최소화하고 미디어 생태계 지속 성장을 위해 유료방송 지원을 확대해 나갈 필요가 있다. 이와 관련해서 정부에서 여러 계획에서 밝혀 왔던 것처럼 유료방송 허가 체계를 등록제로 전환해서 유료방송이 자유로운 환경에서 사업을 영위할 수 있도록 해 주어야 한다. 또한, 방송통신발전기금 납부 등 여러 가지 재정적 부담을 감당해 왔던 유료방송에 대한 지원을 확대함으로써 유료방송 생태계가 존속하여 국내 콘텐츠 제작 기반을 보호할 수 있도록 지원해 줘야 한다.

앞서 유료방송 지속 생존을 위한 정책 개선 방향에 대해 살펴봤는데 여기서는 구체적인 정책 과제들에 대해 살펴보고자 한다.

먼저 허가 체계의 경우 위에서 언급한 바와 같이 허가제를 등록제로 전환할 필요가 있다. 현행 허가제에서 유료방송 사업자들은 다양한 부관 조건을 부여받는 등 제약 속에서 사업을 영위해 가고 있는 실정이다. 등록제 전환을 통해 사업자들이 자유로운 환경에서 변화하는 미디어 환경에 적응할 수 있도록 유인을 제공해야 한다. 유료방송은 설비 등 여러 제반 조건이 갖춰져야 사업을 영위할 수 있어 허가제를 등록제로 전환한다고 하더라도 시장에 진입하는 것이 현실적으로 어렵다. 등록제 전환으로 우려되는 사업자 난립의 가능성이 크지 않다는 것이다. 유료방송 사업자의 허가 체계를 등록제로

구분	현행 규제	개선방안	기대효과
진입 규제	허가	등록	유료방송 사업자의 안정적 사업 운영 기반 마련에 기여
채널 운영 규제	공익 · 공공 채널 등 의무 편성 채널 규제	의무 편성 채널 제도 폐지	사업자 자율성 증진
	지역 채널	지역 채널 운영 의무 선택권 부여	
서비스 규제	요금 규제 등	폐지 혹은 자기완결적 신고로 전환	사업자 자율성 증진
사후 규제	거의 모든 행위에 대해 사후규제 적용 가능	사후 규제를 유지하되, 자율규제 전환	사업자 자율성 증진
		기금 감면 등 성과 우수 사업자에 대한 인센티브 부여	투자 유인 제고

출처: 윤금낭(2024), 유료방송 상생협력을 위한 정책 평가 및 개선 방향.
〈한국방송학회 · 한국헌법학회 공동주최 '유료방송 정책 평가 · 개선 방향 모색' 세미나 발제문〉

전환할 경우 유료방송 사업자의 안정적 사업 운영 기반 마련을 기대할 수 있다.

다음으로는 채널 운영 규제를 완화해야 한다. 현재 유료방송을 통해 200개가 넘는 채널을 시청할 수 있지만, 이용자들이 시청을 원하는 채널은 극히 제한되어 있다. 이런 상황에서 유료방송 사업자들은 공익·공공 채널 등 여러 채널을 의무편성 해야 하는 것이다. 이로 인해 시청자들이 실제 시청을 원하는 채널을 묶어서 간소화된 상품을 출시하는 것에도 제한이 있다. 따라서 유료방송 채널 규제를 완화하여 이용자들이 선호하는 채널을 묶어서 제공할 수 있는 제도적 기반을 마련해 줄 필요가 있다.

케이블TV SO들은 지역채널을 의무적으로 운영하도록 되어 있다. 지역채널은 지상파 방송 권역에서 커버하기 어려운 협권역의 지역 정보를 제공하는 등 지역성 구현을 통해 의미 있는 역할을 하고 있다. 하지만 재정적인 어려움이 심각한 케이블TV SO가 별다른 지원없이 지역 채널을 안정적으로 운영하기는 갈수록 어려워지고 있다. 이를 고려하면 지역채널 운영에 대한 선택권을 케이블TV SO에게 주거나 지역채널 운영을 위한 지원을 강화하는 방안 등을 고민해 볼 필요가 있다.

유료방송이 방송으로서 가지고 있는 차별적인 기능이 플랫폼 기능이다. 뒤에서 얘기하겠지만 인공지능 환경에서 유료방송이 디지털 매체들과의 경쟁에서 살아남기 위해서는 플랫폼 차원에서의 혁신이 반드시 필요한데 그를 위해 필요한 것이 요금 규제 등 서비스 규제 폐지다. 현재는 요금 규제로 인해 신규 상품 출시도 어려운 부분이 있는데 요금 규제를 폐지하거나 자기완결적 신고로 전환하여 사업자들이 플랫폼의 진화를 위한 투자를 할 수 있는 정책 환경을

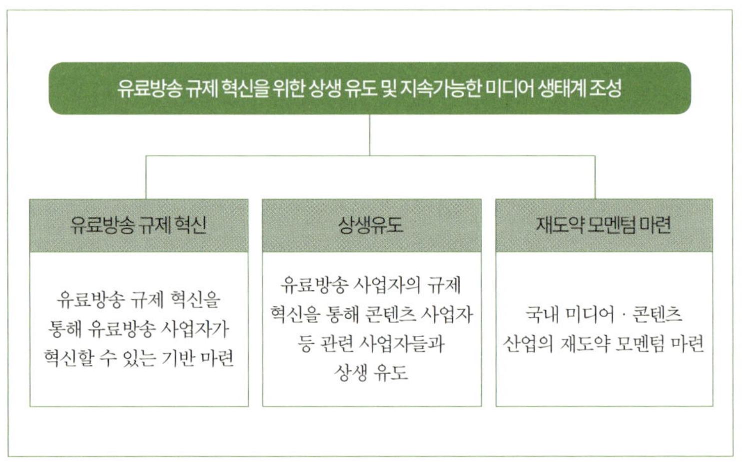

출처: 윤금낭(2024), 유료방송 상생협력을 위한 정책 평가 및 개선 방향.
〈한국방송학회 · 한국헌법학회 공동주최 '유료방송 정책 평가 · 개선 방향 모색' 세미나 발제문〉

조성해야 한다.

유료방송 사업자에게 인센티브를 부여하는 방안에 대해서도 검토가 필요하다. 유료방송 사업자들은 다양한 사전규제를 받고 있을 뿐 아니라 방송통신발전기금에 대한 부담도 큰 상황이다. 콘텐츠 대가 납부 등 산업에 기여한 유료방송 사업자에게는 인센티브를 부여하는 방안도 고려할 필요가 있다. 미디어 환경변화를 고려할 때 사업자에게 과도한 부담을 주기보다는 기금 감면 등 인센티브를 부여하는 방식도 고민이 필요하다는 것이다. KBS, EBS와 같은 지상파 방송 사업자의 경우 공공성을 근거로 방송통신발전기금 일부를 감면해 주고 있다. 유료방송에 대해서도 이와 같은 정책 도입을 고려하는 것이 필요한 시점이다.

이와 같은 제도 개선을 통해 유료방송 사업자들이 규제 혁신을 할 수 있는 기반이 마련될 것으로 기대된다. 또한, 유료방송 사업자와 방송채널사업자, TV홈쇼핑 사업자가 좀 더 자유로운 환경에서 사업을 영위할 수 있게 되면, 사업간 상생을 유도하는 데도 도움이 될 수 있을 것이라 판단된다.

국내 레거시 방송미디어는 여전히 가장 많은 콘텐츠 사업자가 연관되어 있는 생태계다. 이 생태계가 무너지면 대한민국 대표 브랜드 중 하나로 자리 잡은 콘텐츠 제작 기반도 취약해지게 된다. 유료방송의 양적 성장 둔화는 불가피하다고 하더라도 유료방송 생태계가 질적으로 진화하여 그 기반 위에서 콘텐츠 산업의 경쟁력이 제고되는 것이 전체 미디어 생태계 측면에서 바람직하다. 그러한 측면에서 유료방송 규제 혁신을 통한 재도약 모멘텀 마련은 전체 미디어 생태계 측면에서 중요한 사안이라고 할 수 있다.

VI.
새로운 연결을
위한 도전

1. 혁신을 위한 유료방송의 새로운 시도

IPTV 산업의 혁신 전략: IPTV 전략 펀드와 통합시청데이터 구축

IPTV 산업은 새로운 성장동력 발굴을 위해 전략적 투자와 데이터 기반 혁신에 주력하고 있다. 특히, IPTV 3사(KT·LG유플러스·SK브로드밴드)를 중심으로 추진 중인 통합시청데이터 구축과 IPTV 전략펀드 조성은 산업 전반의 경쟁력 제고를 위한 대표적인 시도로 평가된다.[27]

IPTV 전략펀드는 국내 콘텐츠 제작 역량 강화를 통한 콘텐츠 확보와 관련 산업계와의 협력 증대를 위해 조성된 민관 공동 투자 펀드이다. 안정적으로 자금을 지원하지 않고서는 지속적인 콘텐츠와

---

27. 한국IPTV방송협회 홈페이지 "IPTV전략펀드 위탁운용사 선정계획 재공고" 〈공지사항〉

기술 혁신이 어렵기 때문에, IPTV와 유료방송은 민간 투자와 공공 지원을 균형있게 활용하여 자금 조달 전략을 다각화하는 것이 필수적이다.[28] 이러한 관점에서, IPTV 전략펀드는 단순한 재정지원을 넘어, 콘텐츠 제작 생태계와 기술 혁신을 연결하는 산업적 투자 플랫폼으로 기능하며 콘텐츠 생태계 전반을 활성화하는 혁신 촉진 장치로 볼 수 있다.

통합시청데이터는 방송·통신 융합 환경에서 전수 데이터 기반의 시청 취향과 방송 소비행태 파악까지 할 수 있는 정밀한 분석이 가능한 핵심 인프라로 주목받고 있다.

기존의 시청률 데이터가 패널 기반 조사에 의존했다면, IPTV 3사가 공동으로 추진중인 IPTV 통합시청데이터 플랫폼은 셋톱박스 기반 데이터를 합산하여 기존 시청률 데이터보다 정확하고 일관적인 시청 패턴을 분석할 수 있다.[29] 또한, 콘텐츠별 도달자 수, 평균 시청시간, 시청시간 점유율 등 정량 지표와 함께 리모컨 조작 이력과 채널 전환 패턴 등 정성적 요소까지 세분화된 지표를 확보할 수 있어 실질적인 데이터 활용에 있어 큰 의미를 가진다. 특히, 광고 노출 구

---

28. 한국IPTV방송협회(2025.08.13.) OTT시대, IPTV의 생존법 〈한국IPTV방송협회 카드뉴스〉

29. 한국IPTV방송협회(2025.05.21.) IPTV, 정밀한 통합 시청데이터로 성장과 상생의 답을 찾다 〈보도자료〉

간의 시청 유지율, 전환 시점 분석 등을 통한 캠페인별 투자수익률 (ROI) 측정 등은 광고주와 PP업계 모두에게 전략적 의사결정을 위한 자료로 활용될 수 있다.[30]

이처럼 IPTV 산업의 혁신은 단순한 서비스 고도화를 넘어, 데이터와 새로운 재원을 기반으로 한 산업구조의 전환을 의미한다. 이러한 변화는 국내 미디어 산업의 경쟁력을 높이고, 중소 방송사업자에게도 새로운 성장의 기회를 제공할 수 있는 기반이 된다는 의미를 갖는다.[31]

특히, 통합시청데이터는 시청 관련 지표 중 시청률에만 주로 의존했던 한계를 극복할 수 있는 계기를 제공해 주고, 시청 이력 데이터 활용 등을 통해 인공지능과 같은 새로운 서비스에 활용할 수 있다는 점에서도 의미를 지닌다. 통합시청데이터 구축은 광고주에게 정확하고 깊이 있는 데이터를 제공하여 양적으로 물량이 줄어들고 있는 광고의 가치를 높이는 데 기여할 수 있고, 앞서 언급한 것처럼 유료방송사가 새로운 서비스를 하는 데 기반이 되는 데이터를 제공할

---

30. 권혜미(2025.04.30.) '시청률 그 이상'…IPTV, 통합 시청 데이터 플랫폼 연내 공개 〈전자신문〉

31. 한국IPTV방송협회(2025.05.21.) IPTV, 정밀한 통합 시청데이터로 성장과 상생의 답을 찾다 〈보도자료〉

수 있다는 측면에서도 큰 의미가 있다.

규제 샌드박스를 통한 유료방송의 혁신 시도

IPTV와 케이블TV는 엄격한 규제로 인해 새로운 시도를 하는데 한계가 있었다. 「방송법」, 「인터넷멀티미디어방송사업법」 등 기존 제도는 미디어 융합 현실을 충분히 반영하지 못해, 새로운 시도가 제도적 한계에 부딪히는 경우가 많았기 때문이다.

이러한 상황 속에서 유료방송 사업자들은 규제 샌드박스를 활용하여 제도적 한계를 극복해 왔다. 2019년 「정보통신 진흥 및 융합 활성화 등에 관한 특별법」을 기반으로 도입된 규제 샌드박스 제도는 혁신적인 서비스 모델이 일정기간 동안 기존의 규제 면제 또는 유예를 받아 실증될 수 있도록 지원하고 있다.[32] 이 제도는 신기술을 규제 제약 없이 실증하고 사업화할 수 있는 기업환경 조성과 제도 개선을 병행하기 위한 장치로, 방송·통신 융합 영역에서도 그 활용 범위가 점차 확대되고 있다.

특히 IPTV 및 케이블 업계에서는 광고·커머스 기능의 확장과 시

---

32. 중소벤처기업부 규제자유특구 "규제샌드박스 소개"

청자 데이터 기반 서비스 혁신을 중심으로 규제 샌드박스가 실증적으로 적용되고 있다. 이러한 사례는 플랫폼 사업자가 단순한 콘텐츠 전달자에서 '데이터 기반 상호작용형 플랫폼'으로 전환하고 있음을 보여준다.

가. SK브로드밴드 홈쇼핑 숏폼 광고 시범 허가

SK브로드밴드는 1분 내외 숏폼 형식의 홈쇼핑 광고를 IPTV 방송 내에 편성하는 서비스를 규제 샌드박스를 통해 시범적으로 허가받았다.[33]

현행 「인터넷멀티미디어방송법」 상 IPTV 사업자는 실시간 방송이나 콘텐츠 제공만 가능하며, 광고 길이와 형태에 있어 일정한 제약을 받는다. 그러나 이번 규제 샌드박스를 통한 시범허가를 통해, 짧은 길이의 홈쇼핑형 광고 콘텐츠가 방송 중간에 송출되는 것이 가능해졌다.[34]

이 시범 허가는 시청자의 주의집중 패턴과 소비행태 변화를 반영

---

33. ICT 규제 샌드박스 홈페이지 "AI 기반 숏폼 콘텐츠를 통한 상품 홍보 서비스(SK브로드밴드)" 〈승인사례〉

34. 윤정훈(2025.09.16.) "TV서도 숏폼 본다" SK브로드밴드, AI 기반 'B tv 핫딜' 연내 론칭 〈이데일리〉

한 숏폼 광고 포맷의 제도적 첫 허용이라는 점에서 의미를 갖는다. 이를 통해 광고주는 광고 길이와 형식에 대한 선택권을 넓히고, 소비자는 관심 상품을 탐색형으로 검색할 수 있게 되면서 편의성이 높아졌다. 또한, 홈쇼핑 사업자에게는 새로운 매출원 창출과 광고 비즈니스 확장의 기회를 제공한다.

이와 같은 시도는 향후 IPTV 광고시장이 개인화·맞춤형으로 진화할 수 있는 기반을 마련했으며, 정부 역시 이를 계기로 방송광고 관련 제도의 유연화 방안을 검토 중이다.

나. 케이블 지역방송 상품판매 실증 허가

또 다른 사례로는 지역채널을 통한 커머스 방송 허가가 있다. 2021년 과학기술정보통신부는 제19차 ICT 샌드박스 심의위원회를 통해 케이블TV SO가 운영하는 지역채널을 통해 지역 중소기업과 소상공인의 상품을 방송 형식으로 소개·판매할 수 있도록 실증특례를 부여했다.

현행 「방송법」 상 케이블TV SO의 지역채널에서는 상품을 소개 및 판매하는 홈쇼핑 프로그램 편성이 불가능했으나, 실증특례를 통해 제한적 운영이 허용되었다. 다만, 지역채널의 공공성 확보와 홈쇼핑과의 차별화를 위해, 중소기업·소상공인 제품을 중심으로 커머스 방송 편성은 각 15분 이내, 주시청시간을 제외한 1일 3시간 이내

로 제한을 두었다.[35]

　이 사례는 지역경제 활성화와 중소기업 판로 개척이라는 공공적 목적을 산업 혁신과 결합시켰다는 점에서 의미가 크다.

---

35. 대한상공회의소(2021.06.24.) 대한상의-과기정통부 '19차 샌드박스 심의위' 〈보도자료〉

2. IPTV의 지속 성장과 국내 미디어 생태계의 질적 진화

지금까지 살펴본 것처럼 IPTV는 국내 미디어 생태계가 성장하는 데 기여해 왔으며, 앞으로도 긍정적인 역할을 수행할 잠재력을 가지고 있는 매체다.

IPTV의 지속 성장은 IPTV라는 단일 매체에 국한된 이슈가 아니다. IPTV는 콘텐츠 산업 등 관련 산업에 미치는 영향이 큰 매체다. 특히, 콘텐츠 제작 시장의 기반이 되는 PP의 경우 IPTV 마서 무너지게 된다면 서비스 기반 자체가 흔들리게 된다. 현재의 미디어 환경을 고려하면 OTT 등 디지털 매체의 성장을 지원하면서도 레거시 사업자가 지속적으로 생존할 수 있는 환경을 조성해서 전체 미디어 생태계가 공진화할 수 있는 기반을 마련하는 것이 중요하다. 그러기 위해 반드시 필요한 것이 IPTV의 지속 성장과 질적 진화 그리고 대한민국 미디어 생태계의 질적 진화다.

IPTV는 앞에서 살펴본 바와 같이 어려운 환경 속에서도 혁신을 위해 노력하고 있다. 문제는 제도적인 뒷받침이 필요하다는 것이다. 지금까지 언급한 것처럼 우선 낡은 규제 등 제도적인 개선을 통해 IPTV 사업자가 자유롭게 혁신할 수 있는 정책 환경 조성이 필요하다.

IPTV에 대한 지원도 필요하다. IPTV는 현재 방송통신발전기금 등 공적 재원에 대해 많은 부담을 지고 있을 뿐, 지원 받는 부분이 전혀 없다. IPTV의 콘텐츠 기여도 등이 반영된 공적 지원에 대한 검토가 이뤄질 필요가 있다.

IPTV의 지속 생존을 위해서는 IPTV 사업자와 정부 간 협력이 필수적이다. 정부는 IPTV를 규제 대상으로 보기보다는 국내 미디어 생태계에 기여할 수 있는 주체로 보고 IPTV 사업자가 지속적으로 생존할 수 있는 기반을 조성하기 위해 노력해야 한다.

미디어 산업은 대한민국의 랜드마크 중 하나로 자리 잡았다. 하지만 대한민국 미디어 산업의 내실은 악화되고 있으며, IPTV가 무너질 경우, 바로 잡기 어려운 구조적 한계로 작용하여 콘텐츠 제작 기반을 침식할 수 있다. IPTV의 지속 생존 기반 마련과 이를 기반으로 한 미디어 생태계의 질적 진화를 추구해야 할 때다.

색인

가입자당 평균매출(ARPU)

이동통신에서는 가입자당 평균 매출액을 말한다. 전자상거래에서는 사용자당 평균
매출액으로 사용된다. 다시 말하면 각 가입자에게 제공되는 서비스에 대한 월평균
운용 수익이며, 통신사업 평가에 사용되는 척도이다.

- [네이버 지식백과] 알프 ARPU (매일경제, 매경닷컴)

무선 주파수(RF) 방식

무선 주파수(Radio Frequency)는 공중으로 전파될 수 있는 전기 에너지의 모든 주파
수. 무선파라고도 하며 주로 통신 목적으로 사용되는 무선 주파수이다.

- [네이버 지식백과] 무선 주파수 (국방과학기술용어사전)

방송법 개정 전 케이블TV는 광동축혼합망(HFC)과 동축케이블을 이용해 방송신호
를 가입자 댁내 장비에 RF방식(주파수 방사)으로 전송한다.

- 김수현(21.07.05.). 케이블TV도 IPTV · 8K방송 가능…"유료방송 기술구분 사라진다". 머니투데이.

방송채널사용사업자, 프로그램공급자(PP)

PP는 program provider의 약자로 '방송채널사용사업자' 또는 '프로그램공급자'라고
불린다. PP는 케이블TV나 위성방송에 고유 채널을 가지고, 프로그램을 제작 · 편성
하여 종합유선방송국(SO: system operator)이나 위성방송사업자에게 제공한다. 케
이블TV에서는 PP가 만든 프로그램이 지역의 SO를 통해 시청자에게 공급된다. SO는
'종합유선방송국(system operator)'으로 케이블TV국을 소유, 독점사업구역을 가지고
구역 내 가입자에게 프로그램을 전송하는 사업자를 말한다. 티브로드, C&M, CJ 헬로

가 이에 속한다.

 - [네이버 지식백과] PP (시사상식사전, pmg 지식엔진연구소)

복수 종합유선방송 사업자(MSP)

복수 종합유선방송 사업자(Multiple CATV System Operator & Program Provider)는
다중 시스템 운영자·복수 종합유선방송 사업자(MSO)와 복수 방송채널사용 사업자
(MPP)의 결합을 의미함. MSO가 MPP 사업을 하고, 반대로 MPP가 MSO 사업도 벌이
는 경우임. 한 사업자가 MSO와 MPP를 모두 보유한 경우가 MSP에 해당되는데, 이때
MSP의 대상에 대해 정부는 'SO가 PP를 소유하는 경우'라고 정의한 바 있음.

 - [네이버 지식백과] 복수 종합유선방송 사업자 (손에 잡히는 방송통신융합 시사용어)

브로드밴드(Broadband)

대량의 정보를 고속으로 전송하는 유무선 정보 통신 시스템 또는 서비스. 초기에는
저속 다이얼업 인터넷(56 kbps)과 구분되는 사용 대역이 넓고 데이터 전송속도가 빠
른 인터넷 서비스를 지칭했으나, 현재는 통신·방송·인터넷을 등을 결합하여 데이
터를 고속으로 전송하는 통신 서비스를 포함하는 의미로 확장되었다.

 - [네이버 지식백과] 브로드밴드 (IT용어사전)

아이피TV(IPTV)

IPTV(Internet Protocol Television)는 방송용 전파가 아닌 인터넷 프로토콜을 이용해
스트리밍 방식으로 콘텐츠를 제공한다. 즉 인터넷망을 이용하여 다양한 멀티미디어

콘텐츠를 패킷 방식으로 텔레비전 수상기에 전송하는 서비스다.

- 한국IPTV방송협회

OTT

개방된 인터넷을 통해 영화, 드라마, TV 등의 각종 영상을 제공하는 서비스를 말한다. 본래 TV에 연결하는 셋톱박스로 영상 콘텐츠를 제공하는 서비스를 일컬었으나, 현재는 플랫폼에 상관없이 인터넷으로 영상을 제공하는 모든 서비스를 지칭한다.

- [네이버 지식백과] OTT (시사상식사전, pmg 지식엔진연구소)

올아이피(All-IP) 방식

ALL-IP 네트워크란 인터넷 프로토콜인 IP를 기반으로 서로 다른 네트워크가 통합된 구조를 갖는 차세대 네트워크를 의미함. 이동통신 서비스인 롱텀에볼루션(LTE)과 초고속인터넷 기반의 인터넷전화(VoIP), 인터넷 TV(IPTV) 등 모든(All) 유·무선 통신망을 하나의 인터넷 프로토콜(IP) 망으로 통합한다는 것이다. 올아이피 환경에서는 음성, 데이터, 멀티미디어 등 모든 서비스가 인터넷 기반으로 제공되게 된다.

- [네이버 지식백과] 올아이피 (시사경제용어사전, 기획재정부)

위성방송

지구국으로부터 송신된 텔레비전, 라디오 등의 방송 프로그램 신호를 적도 상공의 정지 궤도상에 있는 인공위성으로 중계하여 넓은 지역의 개별 또는 공동 수신자가 수신할 수 있도록 하는 방송. 대규모 안테나를 갖는 지상 수신국을 상대로 하는 위성

통신과는 달리, 각 가정에서의 직접 수신이나 소규모의 공동 수신을 목적으로 하기
때문에 방송 위성의 송신 전력은 통신 위성의 송신 전력보다 크다.

– [네이버 지식백과] 위성 방송 (IT용어사전, 한국정보통신기술협회)

인수합병(M&A)

M&A는 다른 회사의 경영권을 확보하기 위해 기업을 사들이거나 합병하는 것을 말
한다. 기업합병(merger)과 한 기업이 다른 하나의 자산 또는 주식의 취득을 통해 경
영권을 획득하는 기업인수(acquisition)가 결합된 개념.

– [네이버 지식백과] M&A (한경 경제용어사전)

인터넷멀티미디어방송사업법(IPTV법)

방송과 통신이 융합되어 가는 환경에서 인터넷 멀티미디어 등을 이용한 방송사업의
운영을 적정하게 함으로써 이용자의 권익보호, 관련 기술과 산업의 발전, 방송의 공
익성 보호 및 국민문화의 향상을 기하고 나아가 국가경제의 발전과 공공복리의 증
진에 이바지하는 것을 목적으로 하여 제정된 법률.

– 인터넷멀티미디어방송사업법 제1조 (목적)

종합편성채널

우리나라에서는 뉴스와 시사보도를 포함한 드라마 예능 등 여러 장르의 프로그램을
편성할 수 있는 채널을 말한다. KBS MBC SBS 등 지상파 채널도 따지고 보면 종합
편성에 속하지만, 여기서 말하는 종합편성채널은 지상파를 제외한 케이블 방송, 스

카이라이프, IPTV로만 볼 수 있는 채널이다. 즉, 지상파 채널에 비해 송출 제약이 다소 있을 뿐, 프로그램 편성 기준은 지상파 채널과 같다. 케이블 방송의 일종으로 분류되지만, 기존의 케이블 방송사들이 한 가지 주제에 국한해서 편성할 수 있었는데 반해 종합편성채널은 프로그램 편성에 있어 주제의 제한이 없다. 줄여서 흔히 '종편'이라고 부른다.

- [네이버 지식백과] 종합편성채널 (매일경제, 매경닷컴)

주문형 비디오(VOD)

주문형 비디오, VOD(Video On Demand)는 가입자가 원하는 시간에 원하는 드라마, 영화 등의 방송 프로그램을 즉시 선택해 시청할 수 있는 양방향 영상 서비스. 지역 전화 회사나 유선 텔레비전 방송사가 제공하는 주문형 비디오(VOD) 서비스는 DVD급의 화질에 VCR 기능(재생, 정지, 되감기 등)을 활용할 수 있는 장점도 갖고 있음. 형태별로는 프로그램당 일정 요금을 지불하는 건당 요금제 주문형 비디오 서비스(Transactional VOD), 제공되는 프로그램 패키지를 횟수에 관계없이 시청하고 월정액을 지급하는 가입형 주문형 비디오(Subscription VOD) 서비스, 마케팅 수단으로 공급되는 무료인 FOD(Free VOD) 서비스로 분류할 수 있음.

- 한국정보통신기술협회 정보통신용어사전

중계유선방송(RO)

중계유선방송은 전파법에 의하여 "무선국의 허가를 받은 방송을 수신하여 중계 송신하는 것"을 말하며, 1961년 유선방송 수신관리법의 제정으로 텔레비전 방송이 시작된 초창기부터 난시청 해소와 지상파 방송 보급 확대에 기여하는 지역밀착형 매체로 성장했다.

- [네이버 지식백과] 중계유선방송 (시사상식사전, pmg 지식엔진연구소)

캐시카우

캐시카우(Cash Cow)는 수익창출원, 즉 확실히 돈벌이가 되는 상품이나 사업을 의미한다. 계속적으로 현금흐름을 발생시키는 사업부문. 보통 잘 알려진 상표명을 가지고 있어서 제품의 반복구 매를 촉진하는 경우가 많으며 안정적인 배당을 기대할 수 있게 한다. 이런 상품이나 사업은 앞으로 시장성장률은 낮으나 현재 시장점유율이 높은 사업들이다.

- [네이버 지식백과] 캐시카우 (시사상식사전, pmg 지식엔진연구소)

케이블TV

종합유선방송(Cable Television)은 ①고감도의 안테나로 수신한 양질의 방송 텔레비전 신호 등을 동축 케이블 등의 광대역 전송로를 이용하여 각 가정의 수신기에 분배하는 통신 방식, ②동축 케이블의 광대역성을 이용하거나 양방향 전송 기능을 부가하여 다채로운 서비스를 제공하는 텔레비전 시스템의 총칭이다.

- 한국정보통신기술협회 정보통신용어사전

코드커팅

'코드커팅(Cord-cutting)' 현상이란 말 그대로 '선을 끊는다'는 의미로 방송 · 미디어

업계에서 사용되는 말이다. 그동안 가정 내에 케이블TV나 위성TV 같은 유선방송을 이용했던 것에서 별도의 선이 필요 없는 온라인 기반 동영상 서비스로 이동해가는 시청 행태를 뜻한다.

– [네이버 지식백과] 코드커팅 (용어로 보는 IT)

Pre-IPTV

IPTV의 실시간 방송을 제외한 형태로 IPTV의 전(前) 단계라고 할 수 있다. IP망을 기반으로 VOD(주문형 비디오) 중심으로 제공된다. 프리 IPTV 시장은 IPTV의 시장가능성을 미리 파악해주며, 서비스 제공업체에는 IPTV 상용시장을 선점하는 효과를 준다.

– [네이버 지식백과] 프리IPTV (매일경제)

한국디지털위성방송(KDB)

한국디지털위성방송(주)는 (주)케이티스카이라이프의 전신으로 2001년 1월 방송법에 근거하여 위성방송서비스사업을 목적으로 설립됨.

– [네이버 지식백과] 케이티스카이라이프 (네이버 기관단체사전 : 기업)

참고
문헌

〈국내 문헌〉

과학기술정보통신부(2024). 「24년도 상반기 유료방송 가입자 수 및 시장점유율」, 과학기술정보통신부, 2024. 11. 22.

노창희(2024.12.) 유료방송 30년에 대한 조망과 정책 제언. 한국방송통신전파진흥원, 미디어 이슈와 트렌드, 65호.

노희윤(2025.06.16.). [초점] 뉴스 프로그램 시청행태 변화 분석 및 시사점. 정보통신정책연구원, KISDI Perspectives.

라성현, 정광재, 김민희, 조유리, 유은진 등(2024.12.11.). 통신시장 경쟁상황 평가(2024년도). KISDI, 정책연구 24-27호

문재호(2025.05.19.). [IPTV 생존 전략] 〈上〉 SKB 미디어 전략, 오리지널 콘텐츠 줄이고 유통에 '방점'. 〈SR타임스〉.

미래창조과학부(2016). 〈유료방송 발전방안〉.

박병윤(2014). 디지털기술 발전에 따른 영화 부가시장의 다변화 - 디지털 온라인 시장을 중심으로 - , 현대영화연구 제19권, 207-237

방송통신위원회(2025.01.14.). 2024년 방송매체 이용행태 조사.

방송통신위원회(2025.06.). 2024년도 방송사업자 재산상황 공표집.

방송통신위원회(2024). 「방송산업실태조사 보고서」, 방송통신위원회.

방송통신위원회(2025). 「2024년 방송시장 경쟁상황평가」, 방송통신위원회.

브로드캐스트민(2023.03.16). 디지털 케이블 TV방송(디지털 전환). 브로드캐스트테크 블로그.

신호철(2005). MSO의 성장과 수평적 결합규제. 정보통신정책, 17권 23호, 통권 384호.

윤금낭(2024). 유료방송 상생협력을 위한 정책 평가 및 개선 방향. 〈한국방송학회 · 한국헌법학회 공동주최 '유료방송 정책 평가 · 개선 방향 모색' 세미나 발제문〉.

이상식(1999).「종합유선방송과 중계유선방송의 효율적 통합방안」, 한국무선국사업단.

이영미, 정용찬(2009). 케이블TV 관련 정책이 시장구조 및 성과에 미친 영향에 관한 연구, 커뮤니케이션 이론 제5권 제1호, 167-201.

이종관(2025). AX시대 미디어 정책 거버넌스 개편 방안 쟁점 검토, 서울대 공익산업법 센터 정책 세미나 발표자료, 2025. 4. 4.

이종관, 박규홍, 이지은, 윤호상(2022.12.) 미디어환경 변화를 고려한 소유겸영 규제 개선 정책방안 연구. 방송통신위원회, 방통융합정책연구 KCC-2022-2.

정보통신정책연구원(2025).「통신시장 경쟁상황 평가(2024년도)」, 정보통신정책연구원

정영주(2013). IPTV 도입 정책에 대한 과정평가 연구. 언론정보연구, 50권 1호, 230-275.

정용찬, 김윤화, 오윤석(2022.12.15.). 2022년 한국 미디어패널조사 주요 결과. KISDI STAT Report, 22-23호.

〈기사 및 보도자료〉

K-공감(2024.11.08.). "OTT 구독 2개 이상은 기본!" 77.7%

World Economic Forum(2025). Artificial intelligence in media, entertainment and sport.

YTN(2009.11.30). [1999년 11월 30일] 통합방송법 국회상임위원회 통과. 〈YTN〉.

강은성(2019.02.14.). IPTV 막내 LGU+, 케이블 1위 CJ헬로 품었다. 〈뉴스1〉.

김광연(2025.05.21). KT · SKB · LG U+, 연내 IPTV 통합 시청데이터 플랫폼 구축. 〈IT 조선〉.

김문기(2018.12.24.). [2018 결산-방송②] 합산규제 일몰…뜨거워지는 M&A戰. 〈아이뉴스24〉.

김민선(2021.09.17.). 유료방송업계, 너도나도 OTT 제휴에 '구형셋톱' 교체 이슈↑. 〈ZDNET Korea〉.

김중배(2010.03.03). 케이블TV '영욕의 15년' 여정과 미래-1, 2. 〈연합뉴스〉.

김지환(2022.01.12.). [로펌의기술] KT스카이라이프-HCN 빅딜… 통신 삼국대전서 승리 이끈 율촌, '시장변화'에 집중. 〈조선일보〉.

김청원(2025.03.01) 1995년 3월 1일, 케이블 TV가 열어젖힌 다채널 시대. 〈소비자신문〉.

김혜주(2025.05.10.). 넷플릭스, 세계 2위 소비국 한국서 세계 3위 인상률로 가격 '쑥'…한국매출 88% 美본사 '송금'. 〈뉴스 스페이스〉.

김희경(2009.09.25). 케이블TV PP社 '불안 또 불안'…디숍방송 부도여파. 〈동아일보〉.

박세정 (2025.08.06.). OTT 이용자 2000만명 시대…극심한 넷플릭스 쏠림 현상. 〈헤럴드경제〉.

박수형 (2025.04.06). KT, 오리지널 콘텐츠 독점 전략 버린다. 〈지디넷코리아〉.

방송통신위원회(2024.12.30), 2024 방송매체 이용행태조사 결과 발표.

배덕훈(2024.09.26). "TV 앞 사수" SKB, 에이닷 품고 AI Btv '승부수'. 〈뉴스토마토〉.

백선하(2016.12.28.). '유료방송 발전 방안' 공개…'동일 서비스, 동일 규제' 원칙 적용. 〈방송기술저널〉.

백수진 · 윤수정(2025.04.29). 엔터사 · 인디음악 · 케이블TV 탄생… 1995년은 'K콘텐츠 시대'의 원년. 〈조선일보〉.

서효빈(2025.07.08). "TV와 대화하는 시대 연다"…KT, 지니 TV에 AI 에이전트 탑재. 〈아이뉴스24〉.

성연광(2015.11.24.). '특별했던' IPTV 법 7년만에 '역사속으로'…방송법만 남는다. 〈머니투데이〉.

윤상호(2025.09.14). "통신사도 오리지널 콘텐츠 경쟁"…LG헬로비전 · KT스튜디오지니 '잰걸음'. 〈테크M〉.

윤상환 · 황인혁 · 손재권 · 이승훈 · 한정훈(2010.07.20). 황무지 '케이블TV' 개척 15년 만에 1,520만 가구가 본다. 〈매일경제〉.

이광영(2019.07.25.). 넷플릭스 대항마 '웨이브' 출범에도 LGU+ '여유만만'. 〈TV조선〉.

이기범(2025.08.28). LGU+, IPTV 서비스 '레드닷 어워드' 수상…"차별화된 고객경험". 〈뉴스1〉.

이승규(2025.05.21). KT, IPTV3사와 'IPTV 통합 시청데이터 플랫폼' 공동 구축. 〈미디어펜〉.

이승재(2024.12.30.). 올해 OTT 이용률 80% 육박…유료 이용자 증가 추세. 〈SBS 뉴스〉.

이은주(2025.08.11). KT, 2분기 영업익 1조148억…전년比 105.4%↑. 〈이투데이〉.

이학인(2003.10.17). 태광산업 계열사, 한빛아이앤비 인수. 〈서울경제〉.

장길수 · 조시룡(1997.12.16). 케이블TV 전송망업계도 IMF 한파. 〈전자신문〉.

전지연(2012.09.17). [100대 사건_039] 케이블TV 본방송, 다매체 다채널 시대 개막 〈1995년 3월〉. 〈전자신문〉.

조민정(2025.09.16). LGU+·네이버, 숏드라마 8편 공개…웹툰 IP부터 오리지널까지 총출동. 〈스포츠조선〉.

채수웅(2017.02.28.). 콘텐츠 동등접근 폐지, IPTV 콘텐츠 투자 늘릴까. 〈디지털데일리〉.

최수진(2019.11.10.). [TF현장] ‘SKB-티브로드·LGU+-CJ헬로’ M&A 조건부 승인… ‘미디어 빅뱅’ 신호탄 쐈다. 〈THE FACT〉.

최영호(2025.01.02.). 국민 10명 중 8명 OTT 본다…TV 시청자는 감소. 〈매드타임스〉.

최지연(2024.06.20.). 유료방송 전환기, 위기에 놓여…정부가 도와야. 〈ZDNET Korea〉.

최진홍(2025.04.06). KT, ‘지니 TV 오리지널’ OTT 플랫폼 확대…‘어디서나 만날지니’ 슬로건 공개. 〈이코노믹 리뷰〉.

하남현(2025. 03. 04). 케이블TV도 SM도 ‘30주년’… 1995년 무슨 일이 있었나. 〈중앙일보〉.

황이화(2016.12.17.). 확정된 유료방송 발전방안…세부 내용은?. 〈프라임경제〉.

〈홈페이지〉

KT ENA. https://ktena.co.kr/

스카이라이프. https://corp.skylife.co.kr/

스튜디오 X+U. https://www.studioxplusu.com/

채널S. https://media-s.kr/

IPTV가 여는 새로운 연결
미디어 리부트

초 판 1쇄 인쇄 2025년 12월 1일
　　　 1쇄 발행 2025년 12월 9일

지은이 노창희·이종관·조영훈 지음
기 획 한국IPTV방송협회
감 수 한국IPTV방송협회 정책위원회
펴낸이 박경수
펴낸곳 페가수스

등록번호 제2011-000050호
등록일자 2008년 1월 17일
주　　소 서울시 노원구 월계로 334, 720호
전　　화 070-8774-7933
팩　　스 0504-477-3133
이 메 일 pegasusbooks@naver.com

ISBN 978-89-94651-65-1 03300

※잘못된 책은 바꾸어 드립니다.
※책값은 뒤표지에 있습니다.